프란시스 쉐퍼 시리즈
제19권

Pollution and the Death of Man

환경오염과 인간의 죽음

김진홍 옮김

Francis A. Schaeffer

생명의말씀사

Pollution and the Death of Man
by Francis A. Schaeffer

Copyright ⓒ 1970 by Francis A. Schaeffer
This Korean edition copyright ⓒ 1995 by Word of Life Press, Seoul, Korea.
Translated and published with permission of Crossway through rMaeng2.
All rights reserved.

이 한국어판의 저작권은 알맹2를 통하여 Crossway와 독점 계약한 생명의말씀사에 있습니다.
신저작권법에 의하여 한국 내에서 보호받는 저작물이므로 무단전재와 무단복제를 금합니다.

프란시스 쉐퍼 시리즈 제19권
환경오염과 인간의 죽음

ⓒ 생명의말씀사 1995

1995년 4월 20일 1판 1쇄 발행
2023년 10월 24일   3쇄 발행

펴낸이 | 김창영
펴낸곳 | 생명의말씀사

등록 | 1962. 1. 10. No.300-1962-1
주소 | 서울시 종로구 경희궁1길 6 (03176)
전화 | 02)738-6555(본사) · 02)3159-7979(영업)
팩스 | 02)739-3824(본사) · 080-022-8585(영업)

인쇄 | 주손디앤피
제본 | 주손디앤피

ISBN 89-04-04036-1 (04230)
ISBN 89-04-18028-7 (전22권)

저작권자의 허락 없이 이 책의 일부 또는 전체를
무단 복제, 전재, 발췌하면 저작권법에 의해 처벌을 받습니다.

환경오염과
인간의 죽음

목 차

제 1 장 "그들이 우리 어여쁜 누이에게 무슨 짓을 저질렀는가" …7
제 2 장 범신론—인간은 풀이나 다름없다 …………………14
제 3 장 다른 부적절한 대답들 ……………………………31
제 4 장 기독교적 관점 : 창조 ……………………………37
제 5 장 실질적인 치료 ……………………………………52
제 6 장 기독교적 견해 : "실험공장" ………………………65

부록

  1. 생태계 위기의 역사적 뿌리들 …………………………81
    과학과 테크놀로지의 서양적인 전통들／인간과 자연에 대한
    중세의 관점／또 다른 기독교적 견해

  2. 왜 자연을 걱정하는가 …………………………………99

제 1 장
"그들이 우리 어여쁜 누이에게 무슨 짓을 저질렀는가"

얼마 전 강연차 버뮤다(Bermuda)를 방문했을 때, 생태학 분야에서 명성이 높은 한 청년이 자기 연구실을 방문해 달라는 초청을 받았다. 그 청년의 이름은 데이비드 윈게이트(David B. Wingate)였다. 특별히 버뮤다슴새(cahow)라는 새가 멸종되지 않게 보호하려는 그의 노력은 잘 알려져 있었다. 버뮤다슴새는 몸집이 비둘기보다 조금 큰 새인데, 버뮤다 군도의 가장 큰 섬 부근에 있는 몇몇 섬에서만 서식한다. 윈게이트는 이 새들의 수가 늘어나도록 오랫동안 노력해 왔다.

이 새의 둥지가 있는 곳을 둘러보면서 우리는 생태계의 전반적 문제에 관해 이야기를 나누었다. 그는 이 새를 지키려는 싸움에서 불리한 입장에 처해 있다고 말했는데, 그 이유는 새끼들이 알에서 부화되는 비율이 이전과 같지 않기 때문이라고 했다. 새끼들이 계속 이전의 비율로 태어났다면 그는 아마도 그 싸움에서 이겼을 것이다. 그러나 새끼들의 수는 점점 더 줄어들었다. 그 원인이 무엇인지 알아내기 위하여 그는 아직 알 속에서 나오지 못한 새끼를 해부해 보았고, 그 결과 그 새끼의 세포 조직이 온통 살충제 디디티(DDT)로 오염되어 있는 것을 발견하였다. 윈게이트는 버뮤다슴새의 부화율이 저하된 이유가 바로 이것 때문이라고 확신하였다.

놀라운 사실은 버뮤다슴새가 바다새라는 것이다. 이 새는 육지 근처에서 먹이를 찾지 않고 오직 대양 한가운데에서만 먹이를 구한다. 그러므로 이 새가 해안 부근에서 살충제를 먹은 것이 아니라 대서양 한복판에서 먹었다는 사실이 명백하다. 다른 말로 하자면, 육지에 뿌린 살충제가 그 지역 전체를 오염시켰다는 말이다. 육지에 뿌려진 살충제가 강물을 따라 흘러가 대양(大洋)에 유입되었고, 그 결과 바다새들이 죽게 된 것이다.[1]

토르 헤이여달(Thor Heyerdahl)이 콘티키(Kon Tiki)호*를 타고 그 유명한 항해를 하였을 때, 그는 대양의 물을 아주 자유롭게 이용할 수 있었다. 그러나 파피루스 배를 타고 대서양을 건널 때에는, 엄청난 양의 쓰레기 때문에 대서양의 물을 이용할 수 없었다고 후에 그는 말하였다.

캘리포니아에 사는 한 사람이 이 중대한 문제를 아주 생생하게 제기하였다. 그는 태평양 해안가에 비석을 하나 세우고 다음과 같은 비문을 새겼다.

　　대양은 ○○년에 태어나
　　(그는 가상적인 연대를 부여했다)
　　기원 후 1979년에 사망하였다

---

[1] 윈게이트의 글에 대한 전문적인 연구를 위해서는 1968년 3월 1일자 과학(Science)지 pp. 979-981을 보라.

*콘티키(Kon Tiki)호 : 노르웨이의 인류학자 토르 헤이여달이 잉카시대 때의 제조법으로 만든 발사재(材)의 뗏목. 1947년에 페루에서 라로이아 환초로 가는 항해에 사용하였던 것으로 4월 28일부터 8월 7일까지 약 7,964km를 항해하였다. 콘티키란 태양신을 의미한다.

주께서 그것을 주셨으나 인간은 그것을 저버렸다
인간이라는 이름에 저주가 있으라.

만일 생태계의 문제들을 해결하지 못한다면, 인간에게 필요한 자원들이 고갈될 것이라는 것은 명백한 사실이다. 인간이 더 이상 대양에서 고기잡이를 하지 못하게 될 때를 충분히 상상할 수 있다. 그리고 만일 대양의 생태계의 균형이 너무 크게 변화한다면 숨 쉴 산소도 충분하지 못할 때가 올지도 모른다.

그러므로 생태학의 모든 문제는 이 세대에 당면한 문제이다. 생태학(ecology)이란 "자연의 생물들의 균형에 관한 연구"라는 의미이다. 그러나 이 말은 또한 인간이 자연에 가한 파괴의 문제라는 의미로 통용되고 있다. 생태학은 세계 대도시들의 수질오염, 파괴적인 소음공해, 대기오염과 같은 문제를 다루고 있다. 우리들은 세계 도처에서 온갖 종류의 오염에 대하여 읽고 듣고 있다.

다윈(Darwin)은 말년에 자신이 늙어가면서 두 가지 점에 대하여 점점 더 무뎌져 갔다고 그의 저술 속에서 여러 번 언급하였다. 첫째는 예술에서 찾는 즐거움이었고 둘째는 자연에서 발견하는 즐거움이었다. 이것은 아주 흥미로운 사실이다. 다윈은 인간을 포함한 자연이 단지 비인격적인 것과 시간과 우연의 결합으로 생겨났다고 주장했는데, 그의 말년에 와서는 그것이 자신에게 그 반대 방향으로 효과를 미쳤다고 인정할 수밖에 없었던 것이다. 바로 다윈이 예술과 삶 일반에서 그리고 자연의 영역에서 개인적으로 경험하였던 것과 동일한 즐거움의 상실을, 우리 역시 문명 전체에서 경험하게 된 것이 오늘날 우리가 직면하고 있는 문제라고 생각한다. 이 문제와 관련하여 의기소침하게 하는 것은, 실제로 정통적인 그리스도인들이 종종 비그리스도인들보다도 이런 문제에 대하여 더욱 둔감하다는 사실이다. 자연에서 얻는 "기쁨"의 죽음은 자연 그 자체의 죽음으로 이어지는 것이다.

1960년대와 1970년대에 삶과 삶의 여러 문제들의 철학적 기초에 대한 깊은 관심이 생겨났을 때, "대중음악" 분야에서까지도 그런 우려가 표현되었다. 더 도어스(The Doors)라는 그룹은 "이상한 나날들"(Strange Days)이라는 노래를 불렀는데, 그 노래의 가사는 다음과 같다.

> 그들이 지구에게 무슨 짓을 하였는가?
> 그들이 우리의 어여쁜 누이에게 무슨 짓을 저질렀는가?
> 약탈과 파괴,
> 그리고 그녀를 찢고 재갈을 물려
> 동이 틀 무렵 그녀를 칼로 찔렀다.
> 그리고 울타리에 그녀를 묶고 질질 끌었다.[2]

어떻든간에, 이제 사람들은 어디에서나 생태계 문제를 어떻게 해결할 것인지에 대하여 논의하기 시작하였다. 린 화이트(Lynn White) 2세의 "생태계 위기의 역사적 뿌리들"(The Historical Roots of Our Ecologic Crisis)이라는 흥미있는 논문이 과학(Science)지에 실렸다.[3] 화이트는 로스앤젤레스에 있는 캘리포니아 대학교(University of California)의 역사학 교수이다.

그는 이 논문에서 생태계의 위기가 기독교의 잘못이라고 주장하였다. 비록 우리 시대는 더 이상 기독교 세계가 아니라 탈기독교(post-Christian) 세계이지만, 그럼에도 불구하고 생태학의 분야에서는 여전히 "기독교적 사고방식"(Christian mentality)을 유지하고 있다고 주장한 점에 있어서 이 논문은 아주 탁월하다. 기독교는 자연에 관한 좋지 못한 견해를 제시하는데, 이 견해가 오늘날의 탈

---

[2] 더 도어스(The Doors)의 "이상한 나날들"에서. Elektra EKS 74014. 폴리턴 레코드사 판권 소유.

[3] 이 내용은 이 책의 부록 1에 실려 있다

기독교 세계에까지 전해져 왔다고 그는 말했다. 인간이 자연에 대한 지배권을 갖고 있다고 기독교가 가르쳤고, 따라서 사람들이 자연을 파괴적인 방식으로 다루었다는 사실을 근거로 하여 기독교가 "자연에 관한 좋지 못한 견해"를 제공하였다고 주장한다. 그는 사회학적 문제들과 마찬가지로 생태학적 문제들에 있어서도 "기초"가 없이는 아무런 해결책도 없다는 사실을 깨달았다. 인간 사고의 기초가 바뀌어야 한다는 것이다.

1980년대의 생태학에서는 생태학적 고찰의 기초를 이루는 기본적인 철학에 대한 글이나 토론이 그다지 많지 않았다. 이것은 철학적 기반을 갖춘 외설문학과 약물 복용, 영화 등에 관한 고찰이 없었던 사실과 병행하는 것이었다. 그러나 다른 분야와 마찬가지로 생태학에 있어서도 1980년대의 사고방식(thought-form)은 보다 일찍이 1960년대에 형성되었다. 그 시대에 이런 모든 분야들의 기초가 되는 세계관에 관한 심각한 고찰과 글과 토론과 발표가 많이 있었다.

그러므로 사람들은, 비록 뚜렷하게 의식하지는 못하지만, 이전 시대에 형성된 사상에 입각하여 행동하고 있는 것이다.

그리스도인인 우리는 말과 행동으로 기독교를 반대하는 사람들이 왜 그러는가를 알기 위하여, 그리고 각 분야에서 기독교적 답변의 힘을 알기 위하여 그 뿌리를 알아야 한다. 만약 우리가 그 뿌리를 알지 못한다면, 우리 주위에서 일어나는 일들을 거의 이해하지 못할 것이다. 우리는 또한 삶의 모든 영역에 걸쳐서 그리스도인으로서 우리가 말해야 하는 내용이 얼마나 힘이 있는지도 알지 못할 것이다.

1960년대 후반기에 나온 린 화이트 2세와 리처드 민즈(Richard Means)의 논문들은 여전히 생태학 분야의 고전적 논문이다.

내가 이전의 저작에서 다루었던, 탈기독교 세계에 사는 현대인의 세계관은 어떠한 범주도 없고 어떠한 기초도 갖고 있지 않다. 린 화이트 2세는 생태학 영역에 어떤 기초가 필요하다는 점을 이해하였다. 그의 말을 인용해 보자. "인간이 생태계를 대하는 방식은 인간이 자신을 둘러싸고 있는 것들과 관련하여 자신을 어떻게 생각하느냐에 달려 있다. 인간 생태계는 자연과 운명에 대한 인간의 믿음, 즉 종교에 의해 크게 좌우된다." 이 점에 있어서 나는 그가 전적으로 옳다고 믿는다. 인간은 생각한 바를 행한다. 인간이 어떤 세계관을 가지고 있든 그것을 외부 세계에 쏟아내는 것이다. 이 점은 생태학 분야에서뿐만 아니라 사회학, 심리학, 과학, 테크놀로지 분야 등 모든 분야에서도 사실이다.

화이트가 제시한 해결책은, "앗시시(Assisi)의 성 프란시스(St. Francis)에게로 돌아가라"는 것이다. 화이트는 인간이 자연을 착취할 "권리"를 가지고 있다는 견해, 즉 그가 "정통적인 견해"로 간주한 태도와 성 프란시스의 자연에 대한 태도를 대조하고 있다. "서양 역사에서 가장 위대한 정신 혁명가인 성 프란시스는 자신의 사상을 자연과 인간의 관계에 대한 또 다른 기독교 자연관으로 제시하였다. 즉 그는 인간이 피조물을 무제한적으로 지배한다는 사상을 인간을 포함한 모든 피조물들이 동등하다는 사상으로 대체하려고 시도하였다."

화이트에 따르면, 현재 우리의 과학과 테크놀로지는 모두 다 자연에 대하여 오만한 태도를 취하는 정통적 기독교 사상에 깊이 물들어 있기 때문에, 생태계 문제에 대한 해결책을 기독교에서는 전혀 기대할 수 없다는 것이다. 테크놀로지는 자연에 대한 정복이라는 견해를 동력으로 삼고 있는데, 그것은 바로 자연에 대한 무제한적인 착취를 뜻하므로, 테크놀로지가 생태계의 문제를 해결하지 못할 것이라고 그는 말한다. "우리가 겪고 있는 문제의 뿌리는 너무나 종교적인 것이므로, 그 치료책 역시 본질적으로 종교적인 것이어야 한다. 우리가 그것을 무엇이라고 부르든지간에 말이다. 우리는 자연과 운명에 대하여 다시 생각하고 신중히 고찰해 봐야 한다. 자연의 모든 부분들이 영적인 자율성을 갖고 있다는 대단히 종교적인, 그러나 이단적인 초기 프란시스파의 생각이 하나의 방향을 제시해 줄 수 있을 것이다. 나는 성 프란시스를 생태학자들의 수호신으로 삼자고 제안하는 바이다."

　이 문제에 대한 논의가 주목을 끌게 되어 더욱 깊이 다루어졌고, 많은 관심을 불러 일으켰다. 1967년 12월 2일자 새터데이 리뷰(*Saturday Review*)[4]지에서, 미시간(Michigan)에 있는 캘러머주(Kalamazoo) 대학의 사회학 교수인 리처드 민즈는 화이트의 말을 인용하고 그의 개념을 보다 확장시킨 후, 다음과 같이 질문하였다. "왜 이 문제에 대한 해결책을 범신론(汎神論)적인 방향에서 찾아보려고 하지 않는가?" 사실 그는 범신론을 기반으로 하여 해결책을 찾도록 요구하는 것과 선(禪)불교에 관심을 가진 당시 "쿨 캐츠"(cool cats)라고 불리는 세대가 갖고 있는 사회에 대한 냉담한 태도를 연결시켰다. 이 점에 있어서 그는 "만일 '우리'가 모두 하나의 본질(essence)이라고 말할 수 있다면, 그것이 해결책이 되지 않을까?"라고 말한다.

　그러므로 여기서 범신론이 우리의 생태계의 딜레마에 대한 해결책으로 제시되고 있다. 그러나 과연 범신론이 해결책이 될 수 있는가? 우리는 이제 그것을 살펴보아야 할 것이다.

---

[4] 부록 1 을 보라.

제 2 장
범신론 – 인간은 풀이나 다름없다

왜 이 문제에 대한 해결책을 범신론적인 방향에서 찾아보려고 하지 않는가? 이 질문에서 우리는 서양의 과학자이자 사회학자인 한 사람이 자연 보존과 관련한 현대인의 문제, 즉 생태계의 문제를 해결하려는 노력으로 범신론 개념을 사용하는 것을 발견한다. 이 사람은 범신론을 아주 특별한 방식으로, 즉 실제적이고 종교적인 대답으로서가 아니라 사회학적이고 과학적이며 실용적인 방식으로 사용하려고 노력하는 것 같다.

리처드 민즈의 논문 제목은 "왜 자연을 걱정하는가?"(Why Worry About Nature?)이다. 민즈는 논문의 서두에서 알버트 슈바이처(Albert Schweitzer)의 글을 인용하고 있다. "종래의 모든 윤리학이 저질러 온 가장 큰 실수는 윤리학이 오직 사람들간의 관계만을 다루어야 한다고 믿었던 것이다." 이처럼 민즈는 생태학이 윤리학에 포함되어야 할 문제이지만, 윤리학에 대하여 사람들이 갖고 있는 개념은 "사람 대(對) 사람"의 문제였다는 의미로 슈바이처의 말을 인용하였다. 나중에 민즈는 "자연과 인간의 관계를 도덕적 관계라고 명확하게 표현하는 사람들은, 심지어 현대의 종교 작가들에게 있어서도 극소수이다"라고 말하였다. 계속하여 그는 하비 콕스(Harvey Cox)의 세속 도시(*The Secular City*)를 언급하는데, 물론 콕스는 매우 자유주의적인 신학자이며, 그 당시에 사신 신학(死神神學)의 옹호자였다. 민즈는 심지어 콕스에게도 "도시는 당연한 것으로 받아들여지고, 콕스의 분석에서 도덕적인 차원은 이 도시 세계 내부의 사람 대 사람의 관계에만 국한되며, 동식물, 나무, 공기, 즉 자연의 서식지와 인간간의 관계는 포함되지 않는다"고 말하였다. 현대 신학이 상당한 정도로 범신론적인 성향을 띠고 있으며, 따라서 생태계 문제들을 해결하기 위하여 민즈가 제안한 실용주의적 범신론의 기초 역시, 오늘날 대중적인 사고에서 많이 나타나는 모호한 범신론적 사상에서부터 신학교에 영향을 미치고 있는 범신론에 이르기까지 만연된 분위기에 자연히 들어맞는 것이다.

흥미롭게도 민즈는 미국의 유명한 대중 철학자인 에릭 호퍼(Eric Hoffer)에 대하여 언급하고 있다. 그는 부두 노동자로서 참으로 심오한 생각들을 많이 이야기했으며, 실로 지식인들에게까지 아주 잘 알려진 사람이었다. "자연과 인간의 관계 문제를 정면으로 다루고 있는 몇 안 되는 현대 사회 비평가들 가운데 한 사람인 에릭 호퍼는 자연을 낭만주의적으로 그리는 위험을 경고하였다"(1966년 2월 5일자 새터데이 리뷰에 기재된 "자연과의 전쟁을 위한 전략"). 자연을 낭만주의적으로 그린다는 말은, 사람이 자연을 주목하고는 그것에서 느낀 자기의 감정을 자연 속에 투영하는 것을 의미한다. 그러므로 어떤 사람이 고양이를 쳐다보고는, 마치 그 고양이가 사람처럼 반응한다고 생각하려 한다. 호퍼는 아주 적절하게 이런 태도를 경계하였다. 그러나 민즈에 따르면 호퍼의 해결책은 다음과 같다. "호퍼는 인간의 위대한 업적이 자연을 초월하는 것, 즉 본능의 요구로부터 자신을 분리하는 것이라고 말한다. 그러므로 호퍼의 견해에 따르면 인간의 근본적인 특성은 물리적이고 생물학적인 제한들로부터 자신을 자유롭게 하는 능력이라고 할 수 있다." 다른 말로

하면, 호퍼는 실제로 우리가 자연과 화해해야 한다고 제안하지 않았다. 적어도 민즈가 이해하는 한에 있어서는 그렇다. 호퍼의 말은 인간이 자연을 초월해야 한다는 것이다.

자연을 낭만주의적으로 그린다는 것이 하나의 해결책이나 대답이 될 수 없다고 호퍼가 거부한 것은 옳다고 인정해야 한다. 첫째, 현재 우리가 알고 있듯이 자연이 항상 인간에게 호의적인 것은 아니다. 둘째, 나무 한 그루에 우리의 감정이나 사상을 투사하는 것은, 그 나무를 잘라 인간을 위한 안식처로 이용하는 것을 정당화해 줄 아무런 근거도 갖고 있지 못하다.

쾨슬러(Koestler)의 인간과 기계(*The Man and The Machine*)를 잘 알고 있는 사람들은 호퍼의 견해가 단지 쾨슬러의 개념을 좀더 시(詩)적으로 표현한 것임을 깨달을 것이다. 인간의 차이점과 그 차이점이 만드는 차이점(*The Difference of Man and The Difference It Makes*)의 저자인 애들러(Adler)와 옥스퍼드 대학의 마이클 폴라니(Michael Polanyi)와 더불어, 쾨슬러는 적어도 실용주의적 입장에서 고전적인 진화론을 공격하고 있다. 고전적인 진화론이 우리를 그릇된 방향으로 이끌고 있다고 말하는 점에서 이들의 입장은 통일되어 있다. 그러나 쾨슬러는 인간과 기계에서 최종 해결책으로 상부 두뇌와 하부 두뇌를 결합시킬 처방을 과학이 만들어 주기를 기대하였다. 쾨슬러의 구분에 따르면, 하부 두뇌는 본능과 감정을 다루고 상부 두뇌는 지성과 이성을 다룬다. 쾨슬러는 바로 이 둘을 구분하는 것이 문제라고 말한다. 여기서 강조하고 싶은 것은, 인간이 물리적이고 생태학적인 제한들로부터 벗어나려고 자연을 "지배한다"는 호퍼의 개념이 아주 흥미롭게도 쾨슬러의 개념과 동일한 입장이라는 사실이다.

민즈의 논문으로 다시 돌아가면, 그는 계속하여 중요한 질문을 제기하고 그에 답하고 있다. 자연과 인간의 관계는 도덕적인 관계이며, 단순히 과학적인 위기에 있는 것이 아니라고 민즈가 주장했다는 사실을 기억해 볼 때, 그의 질문과 즉각적인 답변은 현대인의 모습을 탁월하게 묘사하고 있다. "그렇다면 도덕적 위기란 무엇인가? 내 생각에 그것은 실용주의적인 문제이다."

표현상의 혼동이 여기에서 뚜렷하게 나타난다. 즉 도덕적인 문제가 실용적인 문제로 되어 버린다. 그는 도덕적 위기에서 출발하였는데, 갑자기 다루고 있는 문제가 실용주의의 문제로 바뀌었다. "그것은 서로 연관성이 없는 무수한 행위들이 일으키는 실제적인 사회적 결과들을 포함하고 있다. 도덕적 위기는 환경을 잘못 다룬 결과들이 결합됨으로써 발생하는 것이다. 그 속에는 캘러머주(Kalamazoo) 강변의 소규모 사업체의 태만함과 에리(Erie) 호숫가에 있는 대규모 공장의 무책임함과 캘리포니아 농부들의 무절제한 농약 사용과 켄터키 주의 광산 경영자들의 토지 황폐화가 포함되어 있다. 불행하게도 이 대륙의 자연 자원들과 동물들을 불필요하게 또 비극적으로 파괴해 온 오랜 역사가 있다." 환경 파괴의 압력이 전 세계적인 규모로 더욱더 커지고 있으며, 문제가 심각하다고 지적한 점에서는 물론 그가 틀림없이 옳다. 그러나 그렇다고 해서 생태계 문제를 다루는 그의 방법상의 문제가 바뀌어서는 안 된다. 그는 생태계 문제를 다룰 도덕적인 기초를 원하였으나, 얼마 지나지 않아 그에게는 단지 도덕이라는 말만 남게 되었다. 따라서 그에게 남은 것은 실용주의적이고 테크놀로지적인 문제였다.

인구 증가를 고려할 때, 생태계 문제는 더욱 심각해진다. 아주 좋은 사례로 들 수 있는 것이 스위스의 아름다운 제네바 호수이다. 32년 전에 스위스를 찾았을 때와 지금을 비교해 볼 때 너무나 많이 달라져 있다. 다행스럽게도 스위스는 많은 비용을 들여 제네바 호수를 정화하기 시작하였다. 그러나 호수 주변에 인구가 늘어나면서 보다 큰 노력이 필요하게 되었다. 그대로 방치했다면 그 호수는 인구 성장을 견뎌낼 수 없었을 것이다.

환경, 즉 우리가 이 세상에서 살아갈 때 그 토대가 되는 자연을 과거의 기초가 아닌 다른 어떤 기초 위에서 다루어야 할 것인가에 대한 압력이 전세계적으로 점차 커지게 되었다. 시에라 클럽(Sierra Club)의 1970년도 달력이 지적한 것처럼, "달, 화성, 토성 등은 멋진 관광 명소가 될지는 모르지만, 우리가 살 만한 곳은 되지 못할 것이다." 인간의 삶은 더할 나위없이 균형이 잘 잡혀 있는 이 세상의 환경에 의존하고 있다.

민즈는 계속하여 한때 미국에 많이 살았으나 이제는 멸종한 철새 비둘기에 관하여 이야기한다. 바다 표범도 마찬가지이다. "그러나 문제는, 허먼 멜빌(Herman Melville)이 그의 작품에서 그린 이미지와 백경(白鯨)의 이미지에 스릴을 느끼는 사람들에게는 고민스러운 일이지만, 스코트 맥베이(Scott McVay)와 같은 해양 과학자들이 상업적 포경(捕鯨)으로 말미암아 이 지구상에서 마지막으로 풍부하게 남아 있는 종류인 고래가 멸종의 위협을 받고 있다고 믿고 있음에도 불구하고, 사람들이 이런 멸종의 사례들로부터 그다지 큰 교훈을 얻지 못하고 있는 것 같다는 사실이다. 돈에 눈이 먼 사람들에게 포경업은 수지맞는 산업인 것이다." 그는 계속하여, 그것은 단순히 경제적인 손실일 뿐만 아니라, "우리들 가운데 자연을—특히 우리와 같은 포유류를—존중하는 사람들에게 이 거대한 피조물의 멸종은 하나님의 창조에 공백을 남기게 될 것이며, 또한 세대를 걸쳐 전해 내려온 인간의 상상력에도 공백을 남기게 될 것이다"고 말한다. 민즈가 "하나님의 창조"라는 표현을 사용한 것을 보고 많은 그리스도인들은 그가 제시할 대답의 성격에 대하여 희망을 가질지도 모르겠다. 그러나 뒤에서 밝히겠지만, 그 말을 오해해서는 안 된다.

그런 다음에 민즈는 다른 기본적인 문제들을 다루는데, 허드슨 강과 5대호와 우리가 호흡하는 대기의 상태에 관하여 언급한다. 이런 문제들과 또 이와 유사한 수백 가지의 문제들 때문에, 우리는 사람들이 여태껏 별로 신경쓰지 않았던 생태계의 문제에 그토록 매달려 있는 이유가 무엇인지를 알게 되었다. 그것은 참으로 딜레마이다. 현대인들은 자신들이 자연의 균형을 깨뜨리고 있으며, 또한 그러한 파괴가 철저하고 급박한 문제라는 사실을 깨닫고 있다. 그것은 단순히 미학적인 문제도 아니고 앞날의 문제도 아니다. 이미 많은 현대인의 생활의 질이 떨어지고 있다. 생각이 있는 많은 사람들은 앞으로 핵전쟁의 위협보다 생태계의 위협이 더 큰 문제가 될 것이라고 생각한다.

민즈는 이제 이런 딜레마에 대한 자신의 해결책들을 제시하였다. 그의 해결책은 먼저 부정적인 측면을 제시하고 그 후에 긍정적인 측면을 제시하는 것이었다. 민즈의 해결책은, 비록 여러 가지 수정이 가해진 것이지만, 우리가 수많은 자료들을 통해 들었던 해결책들, 그리고 앞으로도 듣게 될 해결책들을 대표하는 것이기 때문에, 그의 생각을 상세하게 살펴볼 가치가 있다. 실제로 알더스 헉슬리(Aldous Huxley)는 그의 마지막 소설인 섬(*Island*)[1]에서 "이상적인"(utopian) 미래를 그렸는데, 그곳에서는 학교 학생들에게 제일 먼저 생태학의 교훈을 가르친다. 헉슬리는 계속하여 "생태학의 기초적인 것은 곧 불교의 기초적인 것과 통한다"고 말하였다.

펜실베이니아 주의 벅 힐 폭포(Buck Hill Falls)에서 "환경과 인구에 관한 회의"(The Conference on Environment and Population)라는 회의가 있었다. 현대 생태계의 문제들을 제시하는 다채로운 행사가 있었고 그 문제에 대한 대답은 범신론적 방향에서 찾아야 한다는 제안이 나왔다. 우리는 여기에 대하여 좀더 살펴볼 것이다. 범신론은 생태계의 문제에 대한 유일한 대답으로 강조될 것이고, 서양이 사상적으로 점점 더 동양화되는 데 영향을 미칠 또 하나의 요인이 될 것이다.

---

[1] Aldous Huxley, *Island*, (New York : Harper and Row, 1962 ; London : Penquin), pp.219, 220.

자연과 인간은 어떤 관계인가? 민즈는 "자연과 인간의 관계는 왜 도덕적인 위기에 있는가? 그 이유는 자연과 인간의 관계가 인간의 역사와 문화를 포함하는 역사적인 관계이며, 종교적이고 윤리적인 자연관에 의하여 그 근저에 표현되고 있기 때문이다(이 점에 대해서는 여기서 비교적 의문이 제기되지 않았다)"고 말하였다. 여기까지는 민즈의 분석에 동의할 수 있을 것이다.

그런데 민즈는 한걸음 더 나아가 부정적인 진술을 한다. "중세 문화사가인 린 화이트 2세는 작년 3월 과학지에 기고한 '생태계 위기의 역사적 뿌리들'이라는 통찰력 있는 논문에서 이런 표현의 기원과 결과를 탁월하게 추적하고 있다. 그는 초월적인 하나님이라는 기독교적 개념, 즉 자연과는 분리되어 있으면서 오직 계시를 통하여 자연에 나타나는 하나님이라는 개념이 자연으로부터 정신을 제거하고, 자연을 손쉽게 착취하도록 방조하는 이데올로기가 되었다고 주장한다. 미국의 경우를 보더라도 칼빈주의적 신 개념과 이신론(deism)적 신 개념이 이 점에 있어서는 특히 유사하다. 두 견해 모두 하나님을 절대적으로 초월적이고 세상으로부터 분리되어 있고, 자연과 유기적 삶으로부터 고립되어 있는 것으로 생각한다. 정신과 자연간의 이러한 이분법이 갖는 현대적인 함축 의미에 관하여 화이트 교수는 다음과 같이 말하고 있다. '그리스도인에게 나무 한 그루는 단지 하나의 물리적 사실에 지나지 않는다. 성스러운 수풀이라는 개념은 기독교와 서양의 지적 풍토에 있어서 전혀 낯선 것이다. 거의 이천 년 동안 기독교 선교사들은 자연 속에 영혼이 있다고 생각하여 우상화되었던 성스러운 수풀을 베어 버렸다.'

"자연과 인간은 어떤 관계인가?"라는 민즈 자신이 제기한 질문에 대한 대답을 그는 자기의 전제, 즉 생태계의 문제는 기독교 때문이라는 주장에서 찾고 있음이 틀림없다. 그는(그의 전제에 따르면) 기독교는 그 고유한 성격상 생태계의 문제를 불러일으켰고 그것을 계속 지속시킬 수밖에 없었다고 기독교를 정면으로 비난했다."
　이와는 반대로, 우리는 민즈의 글의 그 다음 단락의 첫 부분에는 동의할 수 있다. "화이트가 제시하고 있는 것과 같이, 이것이 하나의 도덕적 문제로서 지속되고 있다는 사실은 아마도 오늘날의 부랑자와 히피 세대의 항의 속에서도 설명할 수 있다."
　여기서 우리가 민즈에게 공감하는 점은 1960년대의 히피들이 참으로 어떤 사실을 깨닫고 있었다는 점에 있다. 히피들이 플라스틱 문화(plastic culture)에 대항하여 싸운 것은 옳은 일이었다. 교회는 이러한 반문화(counterculture)가 무대에 등장하기 훨씬 전에 그런 플라스틱 문화와 투쟁했어야 했다. 그뿐 아니라, 현대인, 대학의 교과서와 현실에서 나타나는 기계주의적 세계관, 기계의 전면적인 위협, 테크놀로지의 확립, 부르주아적 상, 중산층으로 대표되는 플라스틱 문화가 자연에 대하여 민감하지 못하였다는 사실에서도 히피들이 옳았다. 이것은 전적으로 옳다. 비록 몽상적인 집단이었지만, 반문화주의는 문화에 대한 아주 실제적인 어떤 사실을 이해하였을 뿐만 아니라 현대인의 자연관의 빈곤함과 기계가 모든 측면에서 자연을 먹어치우고 있는 현실을 깨닫고 있었다. 그점에서 나는 반문화주의에 공감한다.

　민즈는 아마도 히피들이 좋은 해결책을 갖고 있었을 것이라고 주장하는데, 나는 이점에서는 의견이 다르다. 그러나 민즈가 반문화주의의 해결책이 무엇인지를 잘 이해하였다는 점은 의심할 여지가 없다. 그는 다음과 같이 말하고 있다. "소위 부랑자라고 불리는 이 사람들 중 어떤 이들이 선불교에 귀의하였다는 사실은 이들이 갖고 있었던 '건전한 직관'을 보여주는 것이다. 그것은 자연과 인간 정신간의 관계가 갖고 있는 종교적이고 도덕적인 차원을 보다 충분하게 평가할 필요가 있다는 사실을 늦게나마 깨달았다는 표시일 것이다." 민즈의 이 말은 범신론을 향하고 있었던, 그리고 지금도 향하고 있는 반문화 운동의 방향을 그가 아주 적절하게 인식하였다는 점을 보여준 것이다. 민즈는 반문화 운동을 선 불교에만 국한할 필요가 없다고 생각할 것이다. 왜냐하면 그것은 범신론 일반을 향하고 있기 때문이다. 그러므로 기독교를 제거해야 한다는 부정적인 선언을 하고 난 다음에, 그는 우리의 문화가 변천하는 방향 속에서 해결책을 제시하였다. 앞서 언급하였듯이, 오늘날 여러 가지 형태로, 종종 모호한 형태로 제시되는 범신론과의 접촉을 통하여, 새로운 신학자들 거의 모두가 범신론으로 기울어져 있다.

  문화의 상황이 대체로 명백하게 서양의 동양화라는 방향으로 움직이고 있다. 그리고 민즈는 생태계의 문제에 대하여 이런 해결책을 제시하였다. 슈바이처의 말을 그의 논문의 초두에 인용한 이유가 바로 이것이다. 슈바이처는 말년에 범신론자였으며, "생명에 대한 외경"을 대단히 강조하였다. 생명에 대한 외경이라는 말로써 슈바이처는 존재하고 있는 모든 것이 하나의 본질임을 말하려고 하였다. 민즈는 서양에서 잘 알려진 슈바이처를 언급하면서 그의 논문을 시작하였지만, 그러나 슈바이처는 범신론자였다.

  이런 이유로 나는 민즈가 "하나님의 창조"라는 표현을 사용한 것에 의문을 갖고 있다. 그는 서양의 용어를 사용하지만 실제로는 그 용어로 전혀 다른 개념을 전달하고 있다. "하나님의 창조"라는 개념은 범신론적 사상과는 전혀 어울리지 않는 개념이다. 범신론에 따르면, 창조라는 말보다는 하나님의 본질의 연장이라는 말을 쓸 것이다. 범신론적 사상에서는 "하나님의 창조"와 같은 개념, 즉 하나님은 마치 인격적인 신으로서 창조를 하고, 그가 창조한 것은 그의 외부에 존재한다는 의미를 가진 개념은(이런 내용이 모두 "하나님의 창조"라는 서양의 표현 속에 담겨 있는 것이다) 들어설 여지가 없다.

  민즈가 어떤 실제적인 범신론을 이야기하고 있다는 사실은 계속된 그의 다음과 같은 말을 볼 때 명백하게 드러난다. "다른 한편으로, 인간의 정신을 자연과 연관시키기를 거부하는 것은 서양 사회의 전통적인 사고 방식을 반영하는 것일 수도 있는데, 그런 사고 방식 속에서 자연은 분리된 실체로 간주된다. 즉 기계적이며 형이상학적인 의미에서 인간과는 무관한 물질이다." 민즈는 이러한 서양의 전통적인 사고 방식에 존재하는 모든 것이 자연과 동일한 실체라는 사실을 연결시키려고 노력하였다. 이런 방법으로 자연에 대한 경외감을 얻어서 우리가 자연을 보다 부드럽게 대하게 되기를 기대하였다.

논문의 끝 부분에서 민즈는 다음과 같이 말하였다. "그런 견해는 이기적인 정치 현상을 타파하는 데 도움을 줄 것이다. 왜냐하면 다른 사람들의 활동이 개인적이거나 사소한 것이 아니며 또한 그들 자신에게만 국한되는 것이 아니라는 사실과, 그들의 기술은 자연의 변화를 통하여 나의 삶과 내 자녀들과 다음 세대들에게까지 영향을 미친다는 사실을 폭로하는 데 그 견해가 도움을 주기 때문이다."

여기서 나타나는 흥미로운 사실은, 앞에서도 지적했지만, 민즈가 사용하는 도덕이라는 말의 의미가 단지 실용주의적인 의미일 뿐이라는 점이다. 우리가 자연을 잘 다루도록 요청받는 유일한 이유는, 자연에 대한 우리의 태도의 결과가 다시 인간에게, 우리 자녀들에게, 앞으로 올 세대들에게 영향을 미친다는 사실뿐이다. 그러므로 사실상 그가 사용하는 용어에도 불구하고, 그의 사상에 있어서 인간은 자연과 관련하여 전적으로 이기적인 입장에 서 있는 것이다. 자연이 그 자체로서 가치있는 어떤 것으로 간주할 아무런 이유도 ─도덕적인 이유든지 논리적인 이유이든지간에 ─ 제시되어 있지 않다. 우리는 순전히 실용적인 문제를 다루고 있는 셈이다.

민즈는 다음과 같은 말로 그의 논문을 끝맺고 있다. "……오늘날 우리의 도덕적 위기는 정치권력과 법의 문제, 그리고 도시 폭동과 빈민지역(슬럼)의 문제들보다 훨씬 더 깊은 문제이다. 그것은 적어도 부분적으로 자연의 가치를 극도로 경시하는 미국 사회의 태도를 반영하고 있다." 이 점에 대하여 우리는 민즈가 옳다고 인정해야 한다. 미국 사람들뿐만 아니라 다른 나라 사람들도 여태껏 자연을 잘못 대해 왔다.

그러나 민즈가 어떤 대답도 제시하지 못하였다는 사실을 주목하라. 그런 "무응답"(no-answer)은 서로 다른 세 가지 측면으로 나누어진다.

첫째, 도덕은 단지 실용적인 것과 동일하다. 물론 이 사실은, 그와 같은 입장에 서 있는 현대인은 호소할 만한 어떤 절대기준을 갖고 있지 못한 까닭에, 도덕의 기초가 전혀 없다는 사실과 관련되어 있다. 인간은 사회계약이나 쾌락주의와 같은 다른 어떤 것을 기초로 삼을 수는 있지만, 그러나 절대기준이 없이는 결코 도덕의 실제적인 기초를 가질 수 없다. 그런 것들을 도덕이라고 부를 수는 있겠지만, 결국 마지막에는 항상 "내가 원한다"라는 말에 지나지 않거나 혹은 사회계약일 뿐인데, 그런 것들은 어느 것이나 도덕이 될 수 없다. 사회계약이라는 것은 사회의 다수의 의견이거나 혹은 엘리트 집단의 의견을 자의적으로 절대화한 것인데, 그것이 곧 판단의 근거가 된다. 현대인에게는 절대기준이 전혀 없으므로, 따라서 아무런 범주도 갖고 있지 않다. 인간은 어떤 범주가 없이는 실제적인 대답을 전혀 얻을 수 없는데, 현대인은 실용주의적이고 기계적인 범주 외에는 아무런 범주도 갖고 있지 않다.

민즈의 논문에 나오는 성스러운 수풀을 베어 버린 일에 관한 언급에서 이런 사실을 발견할 수 있다. 나무를 적대시해서가 아니라, 나무가 우상으로 변하였을 때 그것을 잘라낼 수 있다는 범주가 민즈에게서는 찾아 볼 수 없다. 그에게는 이런 범주들이 존재하지 않는 것이다. 그가 보기에는, 신성한 수풀이 우상시될 때 그리스도인들이 그것을 잘라냈던 사실도 단지 그리스도인들이 나무를 적대시한다는 점을 입증할 뿐이다. 성경과 예술에 관한 주장에 있어서도 마찬가지이다. 성경은 예술을 "적대시"하지 않는다. 혹시 모세가 만들었던 놋뱀 형상을 유대인들이 깨뜨린 사실을 예로 들어 반박할 사람이 있을지도 모르겠다(왕하 18 : 4). 경건한 왕이 놋으로 만든 뱀의 조각을 깨뜨린 사실이 성경에 나온다. 그러므로 이 기록을 근거로 하나님은 예술을 "적대시"한다고 주장할지도 모른다. 물론 성경적인 관점에서 볼 때 그 기록은 전혀 예술을 적대시하는 태도에 관한 진술이 아니다. 유대인들은 원래 하나님이 만들라고 명하셔서 만들었던 그 놋뱀이 우상으로 변하게 되자 그것을 적대시한 것이다. 하나님께서 이 예술 작품을 만들도록 명령하셨으나, 그것이 나중에 우상이 되자 파괴하였던 것이다. 이것은 사람이 여러 범주들을 갖고 있다는 말이다.

이것과는 대조적으로 현대인들은 아무런 범주도 갖고 있지 않다. 이 사실은 우리를 다시 첫번째 측면으로 되돌아가게 한다. 아무리 멋진 용어들을 사용한다고 하더라도 현대인들의 도덕은 아주 조잡한 단계의 실용주의에 지나지 않는다. 그러므로 우리는 민즈와 같은 사람들이 도덕적인 반면, 보다 고상한 답변을 주는 사람이라고 생각해서는 안 된다. 그는 그런 사람이 아니다. 사실상 그의 답변은 매우 저급한 답변이다.

둘째, 민즈는 동기를 부여하려는 목적으로 (실용주의라는 말 대신에 도덕이라는 말을 사용하는 등) 종교적인 함축의미가 들어 있는 단어들을 계속 반복하여 사용하고 있다. 민즈는 범신론이라는 단어도 동기를 부여할 목적으로 사용하고 있다. 우리는 이런 점을 항상 주의하여야 한다. 단어는 두 개의 의미와 정의와 내포를 가진다. 단어의 내포(connotation)는 당신이 그 단어를 어떻게 정의하든간에 계속 그 말 속에 담겨 있는 것이다. 현대인들은 종교적인 단어들의 정의를 파괴하였다. 그럼에도 불구하고 그들은 종교적인 단어들 속에다 자기들이 부여한 내포와 동기를 불러일으키는 힘을 담아서 사용하기를 좋아한다. 민즈가 한 일도 바로 이것이다. (비록 도덕이라는 말이 실용주의라는 말과 동일한 것이라고 정의를 하였지만) 종교적인 단어들을 사용함으로써 민즈는 사람들이 그 단어의 종교적인 내포 때문에 자연을 보다 잘 대하기를 기대하였던 것이다. 이것은 우리 주위에 널리 퍼져 있는 조작의 한 형태를 설명해 주는 또 하나의 예이다.

셋째, 인간은 사회학적인 종교와 사회학적인 과학을 갖고 있다는 점이 주목된다. 민즈가 사회학자였다는 점을 인식하는 것이 중요하다. 인간은 종교를 종교로 갖고 있지 않으며, 과학을 과학으로 갖고 있지도 않다. 종교이든 과학이든간에 인간은 그것을 사회학적인 목적을 위하여 이용하고 조작한다.

케임브리지 대학의 인류학자인 에드먼드 리치(Edmund Leach)는 뉴욕 서평(*New York Review of Books*, 1966, 2월)지의 한 논문에서 어떤 과학적인 해결책을 선택하였는데, 그 이유는 그 해결책이 객관적인 과학과 어떤 관계가 있어서가 아니라, 그 해결책이 그가 원하였던 사회학적 답변을 제시해 주었기 때문이었다. 바로 이 점에서 에드먼드 리치는 과학자의 태도와는 정반대이다. 여기서 우리는 사회학적인 조작을 위하여 과학을 이용한 과학자를 보게 되는 것이다. 이런 점에서 에드먼드 리치의 논문과 리처드 민즈의 논문 사이에 유사성이 있다. 리처드 민즈 역시 순전히 사회학적인 목적을 위하여 과학과 종교를 이용하고 있는 것이다.

앞에서 리처드 민즈의 논문은 자세히 살펴볼 가치가 있다고 강조하였던 것을 기억하라. 왜냐하면 많은 사람들이 무수히 변형되고 잘 구별되지 않는 형태로 주장할 내용을 민즈의 논문에서 제시된 사상이 대표하고 있기 때문이다. 이것은 이론적이고 실천적인 논의 일반에 관하여도 그렇고, 또한 특별히 자연과 인간의 관계라는 생태학의 논의에 있어서도 사실이다. 그리고 존재하는 만물의 통일성이 종교적인 의미를 함축하고 있는 범신론이라는 말로 표현되는가 혹은 만물을 에너지 소립자로 환원하는 순전히 세속적인 용어로 표현되는가라는 동일한 기본적 요소들도 이와 관련되어 있다.

어떤 형태의 범신론이든지간에, 범신론이 만족할 만한 답변을 제공하지 못하는 이유가 무엇인지 살펴보자. 범신론은 궁극적으로 개별자에 아무런 의미를 부여할 수 없다. 범신론의 진정한 의미로는 통일된 것이 의미를 가지지, 사람이나 어떤 다른 개별자는 아무런 의미가 없다. 또한 개별자가 아무런 의미가 없다면, 자연 역시 아무런 의미도 없다. 동양의 범신론이든 혹은 만물은 단지 에너지의 소립자에 지나지 않는다는 주장에서 출발하는 서양의 "범만물주의" (paneverything-ism)든간에, 모든 범신론적 체계에 있어서 개별자에 부여되는 의미란 철학적으로 존재하지 않는다. 어느 경우든간에 결국 개별자는 아무런 의미를 갖지 못한다. 범신론은 당신에게 통일성이라는 대답을 주지만, 그러나 다양성의 의미를 제시하지는 못한다. 범신론은 대답이 될 수 없다.

범신론에서 개별자가 아무런 의미를 지니지 못한다는 사실은 단순히 이론적인 딜레마만은 아니다. 이 사실은 중요한 결론에 도달한다. 첫째, 인간이 범신론으로부터 얻을 수 있는 모든 "결과"들은 오직 인간의 감정을 자연에 투사함으로써 얻을 수 있다. 이것은 단지 보다 낮은 차원의 피조물에게 인간의 반응을 부여한 것으로서, 호퍼가 경고하였던 낭만주의에 지나지 않는다.

예를 들어 우리가 닭을 쳐다볼 때, 우리는 닭의 교미에 인간의 특성들을 부여할 수 있다. 그러나 그것은 닭의 실체(reality)를 회피하는 짓이다. 이런 종류의 답변은 동기를 부여하는 단어들을 사용하여 단지 인간의 감정을 자연에 투사하도록 함으로써 결과를 얻을 수 있을 뿐이다. 호퍼가 이것을 거부한 것은 옳았다.

나는 범신론적인 대답이 단지 이론에서만 허약한 것이라고 말하는 것이 아니다. 그것은 실제에서도 허약하다. 자연에 대한 범신론적인 관점을 받아들이기 시작하는 사람은 자연이 자애로운 면과 더불어 인간의 적이 될 수도 있는, 두 가지 측면을 갖고 있다는 사실을 설명할 수가 없다. 범신론은 자연을 정상적이라고 본다. 범신론에는 자연의 비정상적인 면이 들어설 자리가 없다.

이것은 카뮈(Camus)의 페스트(*The Plague*)라는 소설에서 아주 현실적인 문제로 다루어졌는데, 그 소설에서 카뮈는 오리옹(Orion)이 직면한 딜레마에 관하여 다음과 같이 언급하고 있다. "만일 오리옹이 의사들과 협력하여 페스트와 싸운다면 그는 하나님께 대항하여 싸우는 것이고, 그렇지 않고 그가 신부의 입장을 따라 페스트와 싸우지 않음으로써 하나님께 반항하지 않는다면 그는 인도주의적인 인간이 아니다." 카뮈는 결코 이 문제를 해결하지 않았다. 만일 우리가 이러한 낭만주의적이고 비기독교적인 신화를 받아들인다면, 자연이 자주 인간에게 호의적이지 않은 사실을 해결할 수 없다. 만일 만물이 하나이며, 근본적인 차이가 없는 한 본질의 부분들이라면, 자연이 파괴적인 모습을 보일 때 그것을 어떻게 설명할 것인가? 그에 대한 이론적인 답변은 무엇인가? 또한 그것은, 카뮈가 이해했듯이, 단지 이론적인 문제로 그치지 않는다. 오히려 그것은 과연 나는 페스트와 싸워야 하는가라는 실제적인 문제이다.

그리스도인은 페스트와 싸울 수 있다. 그리스도께서 나사로의 무덤 앞에 섰을 때(요 11장), 그분은 신성(神性)에 호소하시면서 동시에 분하게 여기셨다. 헬라어 신약성경은 분명하게 그리스도께서 통분히 여기셨다고 표현하고 있다.

그분은 페스트에 대하여 분노하면서도 자신에 대하여 분노하지 않을 수 있었다. 페스트는 역사적이고 시공간적인 타락에 의한 것이다. 따라서 그리스도인들은 카뮈가 직면했던 어려움을 갖고 있지 않다. 그러나 만일 범신론적이고 신화적인 대답을 취하려 한다면, 자연이 항상 호의적인 것은 아니라는 사실을 도무지 설명할 수 없을 것이다. 자연의 이러한 이중적인 성격의 기원에 대하여 도무지 이해할 수 없을 것이며, "페스트와 싸울" 방법도 실제로 전혀 없을 것이다. 이 문제에 대한 과장된 논의가 아무리 많다고 하더라도, 결국 이것은 동양의 범신론이든지 현대 서양의 범신론이든지, 우리 주위에

만연한 모호한 형태의 범신론이든지 혹은 현대 신학의 범신론이든 지간에 모든 형태의 범신론에 있어서 부인할 수 없는 사실이다.

범신론적 입장은 인간의 지위를 높이기보다는 항상 인간을 비인격적이고 낮은 자리로 이끌어간다. 이것은 절대율이다. 모든 것을 에너지 소립자로 환원시키는 현대 과학주의든지 혹은 동양의 사상이든지간에, 범신론적 대답은 궁극적으로 자연을 고상하게 하지 못하는 반면에 인간을 낮은 위치로 떨어뜨린다. 이것은 반복적으로 관찰되는 사실이다. 슈바이처는 생명에 대한 외경을 자주 말하였지만, 그와 같이 일하였던 한 의사는 슈바이처가 생명에 대한 외경보다는 생명에 대한 사랑과 사람들에 대한 사랑을 보다 많이 가지기를 소원하였다고 말하였다. 말년에 이르러 슈바이처의 범신론은 그의 동료들이 볼 때 고상해지지 않고 오히려 저급해졌다고 한다.

동양의 범신론도 동일한 결론에 이른다. 동양의 여러 나라에서는 인간의 존엄을 위한 실제적인 기반이 없다. 따라서 관념론적인 마르크스주의가 오직 기독교의 한 이단으로서 생겨날 수 있었다는 점이 지적되어야 한다. 마르크스주의는 결코 동양에서 발생할 수 없었다. 왜냐하면 범신론적인 동양에서는 인간의 진정한 존엄을 고려할 여지가 없기 때문이다. 관념론적인 마르크스주의는 유대-기독교에서 나온 이단이다.

경제학의 영역에서도 마찬가지이다. 사람들에게 필요한 곡식을 쥐와 소가 먹어치우도록 허용하는 범신론적 체계 때문에 인도의 경제적 딜레마는 더욱 복잡해진다. 인간이 높아지지 않고 반대로 낮아진다. 쥐와 소가 마침내 인간보다 우선된다. 인간은 인격과 사랑이라는 영역에서뿐 아니라 경제의 영역에서도 목공품으로 사라지기 시작한다.[2]

---

[2] 1967년 4월 26일자 리스너(*The Listener*)지에 있는 Max Kirschner의 "Wilful Waste, Woeful Want"를 보라.

범신론적 대답을 제안하는 사람들은 바로 이 사실을 무시하고 있다. 즉 범신론은 자연을 인간의 위치만큼 높이기는커녕 인간과 자연 모두를 수렁에 빠뜨린다. 범주들이 없이는 결국 좋은 자연과 나쁜 자연을 구별할 근거가 아무것도 없게 된다. 범신론은 우리들에게 마르키 드 사드(Marquis de Sade)의 "존재하는 것은 무엇이나 옳다"는 격언을 남겨 줄 뿐이다. 그렇게 되면 인간은 풀이나 다름없다.

제 3 장
다른 부적절한 대답들

 범신론은 대답이 되지 못한다. 생태계의 문제를 해결하기 위하여 서양이 범신론에 의존한다면, 인간은 더욱더 축소되고, 비인격적인 테크놀로지가 보다 확고하게 지배하게 될 것이다. 그러나 그에 덧붙여서 빈약한 기독교 역시 대답이 될 수 없다는 점을 잠깐 언급하고자 한다. 범신론보다 결코 나을 것 없는 대답을 제시하는 "기독교"가 있다. 예를 들자면 비잔틴(Byzantine, 그리스 정교회)과 르네상스 이전의 기독교가 그렇다. 비잔틴 교회는 진실로 가치 있는 유일한 것은 천상적인 것으로, 아주 고상하고 고귀하며 거룩하여서 오직 상징들만이 사용될 수 있다는 개념을 갖고 있었다. 한 예로 그들은 결코 마리아의 그림을 사실적으로 그리지 않았다. 성상(聖像)과 모자이크가 마리아를 나타내는 유일한 상징이다. 삶의 유일한 실제적인 문제는 천상적인 것이었다. 이런 종류의 기독교는 자연의 문제에 대하여 결코 대답을 줄 수 없다. 왜냐하면 이 견해에서는 자연이 아무런 실제적 가치를 갖고 있지 않기 때문이다. 그러므로 자연을 적절히 강조하지 않는 형태의 기독교가 실제로 존재한다.
 중세가 끝나고 르네상스가 태어나는 역사의 특정한 시점에 반

아이크(Van Eyck)는 자연을 그리기 시작하였다. 마찬가지로 플로렌스(Florence)에 있는 놀라운 카르미네 성당(Carmine Chapel)에서 마사치오(Masaccio)는 지오토(Giotto)를 넘어서서 자연을 실제의 자연으로 그리기 시작하였다. 바로 그 점에서 그들은 참으로 기독교적인 예술로 나아간 것이다. 왜냐하면 참된 기독교는 자연의 실제적인 가치를 인정하고 있기 때문이다. 반 아이크와 그의 그림에 나타난 배경, 그리고 적절한 광선을 부여한 마사치오의 입체상 그림을 본받은 사람들은 자연에 적절한 위치를 부여하는, 참으로 기독교적인 예술로 나아가거나 혹은 인본주의로 나아갈 수 있었다.

범신론은 자연에 대한 적절한 관점을 제공할 수 없다. 그러나 기독교의 모든 종파가 다 자연에 대한 적절한 관점을 제공하는 것은 아니라는 사실을 이해하여야 한다. 비잔틴 기독교나 자연-은총 이분법에 입각해 있는 기독교는 그렇지 못하다. 그런 기독교는 대답을 주지 못한다. 또한 장 자크 루소(Jean-Jacques Rousseau)나 칸트(Kant)가 주장한 자연과 자유에 대한 개념에서도 아무런 대답을 찾을 수 없다.[1] 이런 영역에서 (비록 기독교적인 용어가 사용된다고 하더라도) 기독교의 답변이나 어떤 실제적인 답변을 찾는 것은 헛된 일이다. 그리고 여기에는 올바른 자연관에 대한 모든 실제적인 대답도 포함되어 있다.

그러나 물론 이와는 다른 종류의 기독교가 존재한다. 종교개혁으로부터 나온 기독교는 참으로 통일된 대답을 제시하고 있고, 이 대답은 천상의 것들뿐 아니라 자연에 대하여 이야기할 때에도 중요하다. 하나님께서 말씀하셨고, 그 때문에 통일성이 있다. 이 사실은 종교개혁에 통일성을 부여하는데, 그것은 르네상스의 자연-은총의 비통일성과 대조된다. 그것은 하나님께서 우리에게 천상적인 것과

---

[1] 여기서는 간단하게 언급하고 지나간 이런 점들에 대한 보다 자세한 논의를 보려면, 거기 계시는 하나님(*The God Who Is There*)과 이성에서의 도피(*Escape From Reason*)를 보라.

자연 양쪽 모두에 관하여 말씀하셨다는 사실에 근거하고 있다. 하나님의 말씀에 근거하여 우리는 참으로 보편자와 개별자 양쪽 모두에 대하여 알고 있는데, 그것에는 개별자의 의미와 그것들의 적절한 이용도 포함된다.

이 통일성은 합리주의나 인본주의에서 나온 것이 아니다. 합리주의나 인본주의에 입각한 인간은 그 자신으로부터 무엇인가를 발생시키고, 개별자들을 모아 살펴보는 철학적 보편자든지 혹은 레오나르도 다 빈치(Leonardo da Vinci)가 그림으로 그리려고 했던 "영혼"[2]이든지간에 어떤 보편자를 만들려고 노력하는 것이다. 그러나 종교개혁은 하나님께서 자신과 우주에 관하여 계시하였고, 따라서 어떤 통일성이 있다는 성경 말씀을 믿었다. 17세기에 작성된 웨스트민스터 신앙고백서(*The Westminster Confession of Faith*)는 하나님께서 자신의 속성들을 계시하였는데, 그것은 우리들에게 진실일 뿐 아니라 하나님 자신에게도 진실이라고 선언하였다. 우리는 하나님과 우리 모두에게 옳은 지식을 가지고 있다. 우리에게 이 지식은 참되지만 완전한 지식은 아니다. 왜냐하면 하나님께서는 무한하시고 우리는 유한하기 때문이다. 그러나 하나님께서 자신과 우주와 역사에 대하여 말씀하셨기 때문에 이것은 사실이다. 종교개혁에 입각한 기독교야말로 자연에 대한, 그리고 자연과 인간의 관계에 대한 대답을 가지고 있는 기독교이다.

뒤러(Dürer)의 그림에서 이미 이런 점을 느낄 수 있다. 사실상 뒤러는 루터가 복음을 선포하기 몇 년 전부터 그림을 그리고 있었다. 암스테르담(Amsterdam)의 자유 대학교(Free University)의 교수였던 로크마커(Rookmaaker)가 지적하였듯이, 뒤러는 인본주의적 시대를 경험했으나 인본주의적 답변을 거부하고 성경적 답변을 찾았는데, 그 속에서 자연을 어떻게 대해야 하는지를 알게 되

---

[2] Ibid.

었다.

자연을 아름답게 그 적절한 위치에 맞게 그렸던 종교개혁 이후 시대의 네덜란드 화가들을 또한 생각해 볼 수 있다. 자연과 세계를 있는 그대로 그렸던 가장 위대한 네덜란드 회화는 의심할 여지 없이 엄청나게 중요한 위치를 차지하였다. (종교개혁 이전의) 북부 유럽의 반 아이크와 남부 유럽의 마사치오를 뒤따른 르네상스 회화는 올바른 방향으로 나아가지 못하였다. 르네상스 회화는 인본주의로 흘러 현대인의 죽음이라는 결말에 이르게 되었다. 현대인은 그림 속에서든 생활 속에서 자연을 이용하는 것에 있어서든, 자연에 대한 아무런 대답을 갖고 있지 못한데, 그것은 현대인이 인간에 대한 아무런 대답을 갖고 있지 못한 것과 마찬가지이다. 그러나 종교개혁 이후의 네덜란드 화가들은 자연을 적절한 자리에 놓을 수 있었는데, 그것은 종교개혁이 하나님의 계시에 근거한 통일성을 회복한 덕분이었다.

기독교의 모든 교파가 자동적으로 대답을 내놓는 것은 아니라는 사실이 잘 강조되어야 한다. 대답을 줄 수 있는 기독교는 올바른 기독교이다. 플라톤적 개념인 이분법에 근거한 모든 기독교는 자연에 대한 대답을 주지 않는다. 슬프게도 많은 정통적이고 복음주의적인 기독교 종파들이 플라톤적인 개념에 근거하고 있다. 이런 유의 기독교는 오직 "상층부"(upper story), 즉 천상적인 것들, 오직 "영혼을 구원하여" 천국에 가는 것에만 관심이 있다. 비록 정통적이고 복음주의적인 용어를 사용한다고 하더라도 플라톤적인 개념인 이러한 사상 속에서는 적절한 육체적 즐거움에 대한 강조나 지성의 올바른 사용에 대한 관심이 거의 없거나 전혀 없다. 이러한 기독교에서는 자연에서 하나님의 존재에 대한 고전적인 증거를 찾는 이외에는 아무것도 보지 않는 경향이 나타난다. 그들은 "자연을 보라, 알프스를 보라. 하나님께서 그것을 만드셨다"라고 말한다. 그리고 그것으로 끝이다. 자연은 그 자체의 가치는 거의 없는, 단지 창조주가 존재한다는 학문적인 증거에 불과한 것이 되었다. 이런 견해를 가진 그리스도인들은 자연 그 자체에 대한 관심을 보이지 않는다. 그들은 자연의 실제적인 가치에 관하여 생각하고 말하기보다는 자연을 단지 변증의 도구로 이용한다.

이런 태도의 한 극단적인 예로 네덜란드의 그리스도인들이 네덜란드의 검은 스타킹 칼빈주의자들(the Black Stocking Calvinists)이라고 불렀던 사람들을 들 수 있다. 그들에게는 동물을 잔인하게 다루는 전통이 있었는데, 그 이유는 동물은 영혼이 없고 천국에 가지 않는다고 생각하였기 때문이었다. 그들은 철저한 정통주의적인 그리스도인이라고 주장하곤 하였지만, 실제로 그들은 정통적인 그리스도인이 아니다. 그들은 왜곡된 기독교를 믿고 있었다. 그들은 신조(信條)를 믿는 데 있어서는 매우 열성적이었을지 모르지만, 그러나 동물들에게는 영혼이 없고 천국에 가지 못하는 운명이라고 믿었기 때문에 그들은 실제로 동물들을 때리고 걸어찼다. 그들은 영혼이 없고 천국에 가지 못할 동물들을 친절하게 다룰 가치가 없다고 생각하였다. 이것은 자연에 대한 유사 기독교적 견해이다.

이보다는 덜 극단적인 형태이지만, 자연에 대한 불완전한 개념들이 많은 곳에서 발견된다. 몇 년 전에 나는 어떤 기독교 학교에서 강연을 하였는데, 그 학교에서 계곡 하나만 건너면 "히피 공동체"라고 불리는 곳이 있었다. 그 계곡의 저쪽 끝에는 숲과 농장들이 있었는데, 그곳에서 히피들이 이교적인 포도 제전(grape stomps, 포도밟기)을 가졌다는 말을 들었다. 흥미를 느껴 그 계곡을 건너 그들에게로 가서 이 "보헤미안" 공동체의 지도자 한 사람과 만났다.

그와 나는 생태계에 대한 이야기를 나누면서 아주 친해졌고, 나는 삶과 생태계에 대한 기독교적 답변을 이야기할 수 있었다. 그는 내가 그 계곡 저편에서 자기들의 행위, 즉 포도 제전을 가진 것을 보고서도, 즉 그들의 이교적인 이미지를 보고서도 "계곡을 넘어온" 최초의 사람이라고 칭찬하였다(내가 듣기로는 칭찬이었다). 이교적인 이미지는 이런 제의(祭儀)의 핵심적인 것이었다. 이 모든 것은 그리스 로마의 고전적인 배경과 대조되는 것이었다.

이 모든 것을 나에게 보여주고는, 그는 계곡 건너편에 있는 기독교 학교를 바라보면서 나에게 이렇게 말하였다. "저걸 보십시오. 추하지 않습니까?" 사실 그것은 추하게 보였다! 그것을 부정할 수 없었다. 그 기독교 학교는 보기 흉한 건물이었고, 심지어는 주변에 나무도 없었다.

그때 나는 그것이 얼마나 비참한 상황인가를 깨달았다. 나는 기독교 학교가 있는 땅에서 보헤미안들이 있는 곳을 바라보았는데, 그곳이 아름다웠던 것이다. 그들은 심지어 전기줄을 나무 높이 아래로 설치하는 수고를 하였고, 그 덕분에 전기줄이 보이지 않았다. 나는 이교도의 땅에 서서 기독교 공동체를 보았는데, 그것이 흉하게 보였다. 자연과 자연에 대해 져야 할 인간의 적절한 관계와 책임을 고려하지 못한 기독교의 모습을 여기서 보는 것이다.

범신론은 우리가 안고 있는 국제적인 생태계의 문제를 해결해 주지 못할 것이다. 린 화이트(Lynn White)의 입장도 그 문제를 해결하지 못할 것이다. 왜냐하면 다른 무엇보다도 인간의 행위가 실제로 자연에서 특별한 역할을 한다는 사실이 명백하기 때문이다. 그리고 세번째로, 플라톤적 견해에 물든 기독교도 그 문제를 해결하지 못할 것이다. 불행하게도 이 점에서 린 화이트의 말이 옳다. 그는 기독교의 역사를 거슬러 살펴보고는, 자연에 관한 한 기독교에는 플라톤 사상이 너무나 만연해 있다는 사실을 발견하였다.

그러면, 생태계의 문제를 해결할 충분한 기초를 제공해 줄 진정한 성경적 견해는 무엇인가? 우리는 자연을 어떻게 다루어야 하며, 자연에 대한 우리의 태도는 어떠해야 하는가? 자연에 대한 성경적인 견해는 무엇인가? 이 문제를 이제 살펴보자.

제 4 장
기독교적 관점 : 창조

　자연에 대한 기독교적 관점의 출발점은 창조 개념이다. 이것은 시공간이 생기기 이전에 하나님이 존재하였고, 하나님이 무로부터 만물을 창조하였다는 개념이다. 이 개념에서 우리는 창조가 하나님의 본질의 연장이 아니라는 점을 이해해야 한다. 피조된 것들은 그 자체의 객관적인 존재를 갖고 있다.
　화이트헤드(Whitehead)와 오펜하이머(Oppenheimer)와 같은 사람들은 근대 과학이 오직 역사적 기독교의 공감대라는 환경에서 생겨났다고 지적하였다. 그 이유는 무엇인가? 그 이유는, 화이트헤드가 강조하듯이, 실재로 존재하는 외부 세계가 하나님에 의하여 창조되었다는 사실을 기독교가 믿고 있으며 또한 하나님이 이성적인 존재이기 때문에 이성을 통하여 우주의 질서를 발견할 수 있다고 기대할 수 있었기 때문이다. 이 점에서 화이트헤드는 전적으로 옳다. 그는 그리스도인은 아니지만, 성경적인 관점이 없었다면 근대 과학이 결코 생겨나지 못하였을 것이라는 점을 이해하였다.
　자연의 영역에서도 마찬가지이다. 자연 그 자체의 가치를 — 단지 변증학에서 논쟁거리로 이용되는 자연의 가치가 아니라 하나님이 만들었기 때문에 지니고 있는 자연의 고유한 가치를 — 부여하는 것이 바로 자연에 대한 성경적인 관점이다.

장 폴 사르트르(Jean-Paul Sartre)는 기본적인 철학적 문제란 무엇인가 존재하고 있다는 사실이라고 말하였다. 존재하는 그 무언가는 바로 자연이다. 비록 왜 그것이 존재하고 있는지를 알지 못한다고 하더라도, 자연은 존재하고 있다. 그리스도인들은 자연이 존재하고 있는 이유를 알고 있다. 하나님이 무에서부터 자연을 창조하였기 때문에 자연이 그 자리에 존재하고 있는 것이다! 창조된 것들은 하나님의 본질의 연장이 아니다. 또 그것들은 동양의 철학자들이 주장하는 것처럼 "하나님이 꾸는 꿈"도 아니다. 자연은 실제로 존재하고 있다. 이런 주장은 너무나 순진하고 뻔한 주장처럼 들릴지도 모르겠다. 그러나 그렇지 않다. 이 주장은 심오한 결과들을 낳는 심오한 개념이다. 인과율을 부정한 흄(Hume)의 논의를 생각해 보라. 흄의 주장은 그 자신의 일상경험에 의하여 부정되었다. 왜냐하면 하나님이 창조하신 자연이 실제로 존재하고 있기 때문이다. 또한 실제로 존재하고 있는 자연 속에 있는 개별자들이 다른 개별자들에게 영향을 미치면서 존재하고 있기 때문이다.

앞장에서도 지적한 것처럼, 종교개혁 이후에 네덜란드의 화가들이 종교적인 주제에 한정될 필요를 느끼지 않고 자연을 그리기 시작하였다는 것은 매우 흥미로운 사실이다. 사실 그때부터 종교적인 주제는 비교적 드물게 그려졌다. 대부분의 미술가들이 갑자기 자연이 그림의 주제가 될 만한 가치가 있는 것이라는 사실을 깨달았는데, 그런 깨달음 위에서 자연을 그린 화가들이 바로 그리스도인들이었다.

이제 우리가 자연이 그림의 주제가 될 만한 가치가 있다고 본 종교개혁의 성경적 관점으로 되돌아간다면, 그림으로 그려지는 자연이 그 자체의 가치를 가지고 있다는 사실이 당연히 따른다. 이것이 참된 기독교적 사고방식이다. 기독교적 관점은 하나님이 무로부터 창조한 것들의 실재성에 근거하고 있다. 그러나 또한 기독교적 관점은 하나님이 만물을 동등하게 창조하셨다는 점도 주장한다. 만물이 무로부터 동등하게 창조되었다. 창조에 관한 한, 인간을 포함한 만물은 그 기원에서 동등하다.

물론 이 모든 것은 하나님의 본성에 의존하고 있다. 존재하고 있는 하나님은 어떤 분이신가? 유대-기독교의 하나님은 세상의 다른 모든 신들과는 구별된다. 유대-기독교의 신은 인격적이면서 무한하신 하나님이다. 동양의 신들은 정의상 무한하지만, 그 속에 남성과 여성을 똑같이, 잔인함과 관대함을 동시에 포함하고 있는 식이다. 그러나 그 신들은 인격적이지는 않다. 대조적으로 서양의 신들— 그리스 로마의 신들, 위대한 신 토르(Thor)와 앵글로색슨계의 신들은 인격적이지만 항상 제한되고 유한한 신이다.

그러므로 유대-기독교의 신은 독특하다. 즉 그는 무한하면서도 동시에 인격적이다.

자, 그러면 하나님이 어떻게 창조하였는가? 하나님의 무한성의 측면에서 볼 때 커다란 차이가 존재한다. 하나님이 만물을 창조하였고, 오직 그만이 창조주이다. 그 외의 모든 것은 피조물이다. 오직 그만이 무한하며, 오직 그만이 창조주이므로 그 외의 만물은 의존적이다. 그러므로 인간과 동물과 식물과 기계는, 오직 하나님이 그들 모두를 창조하였다는 성경적인 관점에서 볼 때 똑같이 하나님에게서 분리되어 있다. 무한성의 측면에서 볼 때 인간은 기계와 마찬가지로 하나님에게서 분리되어 있는 것이다.

그러므로 무한성의 측면에서 볼 때 틈은 하나님과 다른 모든 것들 사이에, 즉 창조주와 피조물 사이에 놓여 있다.

그러나 또 다른 하나의 측면이 있다. 즉 하나님의 인격성이라는 측면이다. 이 측면에서 보면 동물과 식물과 기계는 틈 아래에 놓여 있다. 하나님의 무한성의 측면에서 보면 하나님 외의 모든 만물은 유한하며 똑같이 하나님에게서 분리되어 있다. 그러나 하나님의 인격성의 측면에서 볼 때, 하나님이 인간을 자신의 형상을 따라 창조하였기 때문에 인간의 관계는 하향적인 것이 아니라 상향적인 것이다. 이 사실은 혼란스러운 현대인을 이해하기 위한 실마리를 제공해 주는 요소이다.

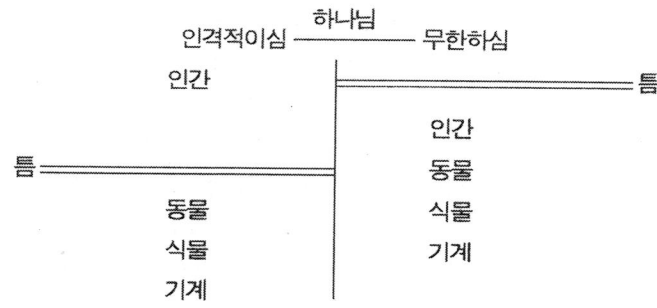

인간은 하나님의 형상을 따라 창조된 인격이라는 점에서 자연과 구별된다. 인간은 인격을 지니고 있다는 점에서 창조물 가운데 독특한 존재이다. 그러나 창조된 피조물이라는 점에서 다른 모든 것과 결합된다. 즉 인간은 다른 모든 피조물들과는 구별되지만, 동시에 인간이 유한한 피조물이라는 측면에서 볼 때 다른 모든 피조물과의 적절한 하향적 관계를 갖고 있다는 것이다.

그러나 인간의 관계는 오직 하향적인 것만은 아니다. 알버트 슈바이처는 적절한 상향적 관계를 갖지 못하였기 때문에 수풀 속에서 나오는 하마와 연관시켰다. 그러나 인간은 인격이신 하나님의 형상을 따라 창조되었기 때문에 두 가지 관계, 즉 상향적이고 하향적인 관계를 맺는다. 물론 사람이 상향적인 관계를 발견하지 못하면, 그는 이 관계(혹은 통합점, integration point)를 하향적인 관계에서 찾을 것이다. 그러나 그리스도인들은 인간이 어떤 존재인지를 알기 때문에 하향적인 관계만을 갖는 것을 거부한다. 또한 인간이 어떤 존재인지를 아는 그리스도인들은 현대인이 기계에 위협을 당하는 것처럼 위협당하지도 않는다. 이것은 자랑으로 하는 말이 아니라 겸손하고 공경하는 마음으로 하는 말이다. 왜냐하면 그리스도인들은 인간이 하나님의 형상으로 지어진 존재임을 알고 있기 때문이다. 우리 그리스도인들은 우리의 통합점을 하향적으로 만드는 태도를 거부한다. 그리스도인들은 인간과 다른 것들 사이에는 오직 양적인 차이만 있을 뿐 다른 구별은 없다고 하는 관점을 배격한다. 또한 그리스도인들은 인간을 다른 모든 것들로부터 전적으로 분리하는 관점도 역시 배격한다.

그리스도인의 한 사람으로서 나는 다음과 같이 묻는다. "나는 누구인가?" 나는 단지 수소 원자, 광범위한 에너지 소립자에 지나지 않는 존재인가? 아니다. 나는 하나님의 형상으로 창조된 존재이다. 나는 내가 누구인지를 알고 있다. 그러나 다른 한편으로 주위를 둘러보고 자연을 주목할 때, 나는 그 속에서 나 자신과 유사한 어떤 것을 발견하게 된다. 동물과 식물과 원자가 창조된 것과 마찬가지로 나 역시 창조된 존재이다.

사랑의 소명에 있어서도 이것과 유사한 관계가 있다. 그리스도인들은 그리스도 안에서 오직 다른 그리스도인들만을 형제로서 사랑하도록 가르침을 받는다. 자유주의 신학자들이 주장하는 것과는 달리, 세상의 모든 사람들이 그리스도 안에서 우리의 형제들인 것은 아니다. 성경적 관점에서 볼 때 형제란 동일한 아버지를 모시고 있는 사람들이다. 한 사람이, 구약에 예언된 메시아가 구세주이심을, 즉 그리스도께서 대속 사역을 위해 이 땅에 오셨음을 믿고 고백할 때, 하나님이 그의 아버지가 되신다. 이 사실은 예수님의 가르침에서 명백하게 나타나 있다. 그러므로 모든 사람이 그리스도 안에서 우리의 형제는 아니다.

그러나 모든 사람들이 우리의 형제인 것은 아니라고 성경이 가르친다고 해서, 그들을 우리의 이웃으로 사랑해서도 안 된다는 말은 아니다. 그러므로 사람들은 선한 사마리아 사람에 대한 예수님의 교훈에서 엄청난 영향을 받는 것이다. 즉 나는 나와 한 핏줄인 모두가 이웃이라는 근거에서 사랑해야 한다. 신약성경은 "한 핏줄" (one blood)이라는 용어를 하나님이 창조하신 모든 사람들의 연합을 가리키는 표현으로 사용한다. 우리는 인종과 언어와 민족의 차이에도 불구하고 동일한 하나의 기원을 갖고 있는 사람들이라는 사실을 알고 있다.

그러나 오직 그리스도인들만이 인류가 왜 공통의 기원을 갖고 있는지를 알고 있다. 진화론자인 '현대인'들은 공통의 기원이나 혹은 사람들 사이의 공통된 관계를 이해할 실제적인 근거를 전혀 갖고 있지 못하다. 그들은 단지 생물학적 이유만을 갖고 있을 뿐인데, 그것은 사람들이 번식한다는 사실이다. 그들에게 남아 있는 이유는 오직 이것뿐이다.

그러나 그리스도인들은 사람들이 모두 하나의 기원에서 나왔다는 사실을 이해하고 있다. 우리는 모두 하나의 육체이다. 그리고 우리는 한 핏줄이다. 성경적인 관점에서 오직 두 종류의 인간이 있다고 말할 수 있다. 하나는 하나님에 대항하여 반란 상태에 있는 인간이고, 다른 하나는 예전에 하나님에 대항하여 반란을 일으켰던 인간이다(이렇게 표현하는 이유는 우리들 중 그 누구도 자연적인 출생에 의하여 이런 두번째 인간이 되지는 않기 때문이다). 그리스도를 믿음으로써 이 두번째 그룹에 속한 사람들은 하나님에게 자신을 헌신하고 하나님의 자녀가 된 사람들이다.

그러나 오직 하나의 인간만이 있다는 사실을 결코 잊어서는 안된다. 이것은 결코 모순이 아니다. 정통적인 그리스도인 중에는 의롭게 된 사실을 희생시키면서 하나의 인간을 강조하는 자유주의적 입장을 강하게 거부하기 때문에, 오직 하나의 인간이 있다는 말을 받아들이지 않는 사람들이 있다. 그러나 이런 태도는 근시안적이다. 두 가지의 인간이 있으나, 그것은 하나이다. 그리스도인들은 두 가지의 인간이 있다는 점을 이해해야 하며, 특히 그리스도 안에서 형제들을 사랑해야 하지만, 그러나 그리스도께서는 그리스도인들에게 모든 사람을 자신의 이웃으로 사랑하도록 명하신다. 왜냐하면 우리는 하나이기 때문이다.

　자연에 관하여도 마찬가지이다. 아주 다른 차원에 있어서, 우리는 보다 "열등한"(lower) 창조의 형태인 자연과 분리되어 있다. 그러나 동시에 우리는 그 자연과 결합되어 있다. 그 둘 가운데 어느 하나만을 선택할 수 없다. 두 가지 모두를 다 인정해야 한다. 나는 하나님의 형상으로 창조되었다는 점에서 자연과 구별된다. 그러므로 내가 제시하는 통합점은 상향적인 것이지 하향적인 것이 아니다. 그것은 창조로 되돌아가는 것이 아니다. 그러나 동시에 자연과 인간이 모두 다 하나님에 의하여 창조되었다는 점에서 나는 자연과 결합되어 있다.
　이것은 다른 어떤 철학도 가지지 못한 개념이다. 무엇보다도 이 개념은 인간의 기계적인 작용을 설명해 준다. 예를 들어, 우리는 개와 고양이가 가진 것과 동일한 호흡 기관을 갖고 있다. 이 사실은 놀라운 것이 아니다. 인간과 다른 모든 피조물들은 공통의 환경에 알맞도록 하나님에 의하여 창조되었다. 이러한 기계적인 작용들에서 공통된 관계를 발견할 수 있는데, 그 사실이 인간을 하향적인 관계로 묶는다. 인간에게도 기계적인 작용이 있다. 심리학적인 조건화가 동물에게뿐 아니라, 좀더 좁게는 사람에게도 있다. 우리의 관계가 상향적일 뿐만 아니라 하향적이기도 하다는 점에서 볼 때 이 사실은 예상할 수 있는 것이다. 그렇지만 이것이 나의 기본적인 관계는 아니다. 나는 기계를 두려워하지 않는다. 나는 기계에 압도당하거나 위협받지 않는다. 왜냐하면 내가 하나님의 형상으로 지음받았다는 사실을 알고 있기 때문이다. 내가 왜 기계적인 작용과 어느 정도의 심리적인 조건화를 갖고 있는지 이해할 수 있다. 왜냐하면 나는 "열등한" 것들과 이런 하향적인 관계를 갖고 있기 때문이다(우리가 나중에 살펴볼 것이지만 "열등한"이란 말이 그다지 좋은 표현은 아니다). 그러므로 나는 이런 동물들과 식물들과 기계들을 지적으로 그리고 심리학적으로 바라보며, 또한 그것들을 대할 때 내가 그것들에 대하여 가져야 할 어떤 태도를 이해하게 된다. 나는 삶에 대하여 다르게 생각하기 시작한다. 자연이 달리 보이기 시작한다. 나는 자연과 구별되어 있으나, 또한 그것과 관계를 맺고 있다.

"지적으로 그리고 심리학적으로"라는 표현을 주목하라. 이것은 매우 중요한 구별이다. 나는 "그래, 나무는 나와 마찬가지로 하나의 피조물이다"고 말할 수 있다. 그러나 그것으로 끝나는 것이 아니다. 심리학적인 통찰도 포함되어 있는 것이다. 심리학적으로 나는 나의 동료 피조물로서 나무와의 관계를 "느껴야" 한다. 즉 단순히 나무와의 관계를 지적으로 느끼고 그런 다음에 그것을 또 하나의 변증학적 논쟁으로 바꾸는 것이 아니라, 우리가 창조의 측면에서 그리고 하나님의 무한하심과 인간의 유한성의 측면에서 참으로 우리가 나무와 하나라는 사실을 깨닫고 또한 그리스도인들로 하여금 그 사실을 깨닫도록 훈련시켜야 한다는 것이다!

이 관계는 단순히 심미적인 이유에서 다루어져야 할 뿐만 아니라―물론 심미적인 이유는 그 자체로서 충분하다. 왜냐하면 아름다운 것들은 중요하기 때문이다―또한 각각의 것들을 통합성을 가지고 다루어야 한다. 왜냐하면 하나님이 그렇게 창조하셨기 때문이다. 그러므로 그리스도인들은 "사물들"을 통합적으로 다루어야 한다. 왜냐하면 그리스도인들은 사물들이 자율적이라고 믿지 않기 때문이다. 현대인들은 사물을 하나님으로부터 자율적인 존재로 만들어 버렸기 때문에 딜레마에 **빠졌다**. 시몬느 베유(Simone Weil)가 현대인은 창조가 왜곡된(decreated) 세상에서 살고 있다고 진술한 것은 참으로 올바른 통찰이다. 모든 것이 자율적인 것이 되어 버림으로써 창조 질서에서 벗어났다. 그러나 그리스도인들에게는 만물이 자율적인 것이 아니다. 하나님이 만물을 각자의 고유한 표준에 따라 창조하셨기 때문이다. 사물의 가치는 그 자체로 자율적인 것이 아니라 하나님이 부여하신 것이다. 따라서 그것들은 존중될 가치가 있다. 들판의 나무도 존중해야 한다. 할머니가 고양이를 낭만적으로 대하는 것(즉 고양이에게 자기의 감정을 투사하는 것)과 같이 자연을 낭만적으로 대해서는 안 된다. 이런 태도는 참된 태도가 아니기 때문에 잘못된 것이다. 땔감을 얻기 위하여 나무를 베려고 도끼를 잡을 때, 당신은 어떤 인격을 자르는 것이 아니라 단지 나무 한 그루를 자르는 것이다. 그러나 다른 한편으로 우리가 나무를 낭만적으로 다루지 말아야 하는 동시에 우리는 하나님이 그것을 나무로 창조하셨다는 사실을 깨닫고 그에 마땅한 존중심을 가져야 한다. 철저한 진화론자들은 결코 자연을 존중할 수 없지만, 진화론적 척도를 믿지 않는 그리스도인들은 자연을 존중할 이유를 갖고 있다. 왜냐하면 우리들은 하나님이 이 사물들을 각기 그 고유의 영역에 따라 특별하게 만드셨다는 사실을 믿기 때문이다. 그러므로 우리가 진화론자들에 대해 지적으로 반론을 제기하려면, 이러한 우리의 입장을 믿는 믿음의 결과들을 보여주어야 한다. 그리스도인은 창조된 하나하나의 사물에 대하여 차원 높은 존중심을 보여줄 이유를 가지고 있는 사람이다.

우리는 앞서 기독교적 사고를 플라톤적 개념으로 물들이지 말도록 경고한 적이 있다. 플라톤주의는 물질을 열등한 것으로 본다. 그러나 우리는 하나님이 물질을 창조하였음을 깨달을 때 물질을 열등한 것으로 생각할 수 없다. 우리는 사물들이 인간과는 다른 질서에 의하여 창조되었다고 생각할 수 있다. 그러나 그 개념은 사물들이 비천하다는 의미에서 열등하다는 의미는 아니다. 하나님이 만물을 만드셨다는 사실에서 열등함이라는 내포는 전혀 찾아볼 수 없다. 사물들을 열등하게 본다는 것은 곧 그것을 만드신 하나님을 모욕하는 것이다.

물질이 열등하지 않다는 이유로 들 수 있는 두번째 사실은 그리스도의 육체가 죽은 자 가운데서 부활하셨다는 사실이다. 이 사실은 매우 중요한 요점이다. 육체의 부활은 교리적인 사실로 주장되어야 할 뿐만 아니라, 삶에 대한 태도를 우리에게 제시해 주는 진리로 제시되어야 한다.

그리스도의 육체는 죽은 자들 가운데서 참으로 부활하였다. 그 육체는 손으로 만져 볼 수 있었고, 부활하신 그리스도는 음식을 먹을 수 있었다. 그리고 이 부활한 육체는 현재 어디엔가 존재한다. 우리는 천국을 "철학적 타자"(philosophic other)로 보는 틸리히(Tillich)의 견해를 배격하고자 한다. 나는 하나님께 정직하자(*Honest to God*)를 쓴 존 로빈슨(John Robinson)의 입장이 옳다고 생각한다. 로빈슨은 부활보다는 승천이 핵심이라고 주장한다. 나는 로빈슨이 부활의 함축 의미를 실제로 이해하고 있다고 생각한다. 물리적인 부활은 현대 신학자들의 세계에서도 어떻게든지 나타날 수 있지만, 그러나 그들은 음식을 먹을 수 있고 "철학적 타자"로 승천할 수 있는 육체를 상상할 수 없다. 현대 신학자들에게 있어서 그것은 상상할 수 없는 개념이다. 그러나 이와는 대조적으로 우리는 승천을 믿는다. 왜냐하면 성경이 물리적으로 부활하신 예수님의 육신이 보이지 않는 세계의 어디엔가 존재하고 있다고 가르치기 때문이다.

부활과 승천은 영과 육이라는 거짓된 이분법(dichotomy)의 근거를 없애 버린다. 그러한 이분법은 전적으로 비성경적인 개념이다. 물질적인 것과 정신적인 것은 대립되는 것이 아니다. 우리 자신의 몸도 부활할 것이라는 사실 역시 그 점에 관하여 말해 주고 있는 것이다.

성경적 관점에서 주목해야 할 또 한 가지 점은 하나님의 창조 언약이다. 하나님은 성경에 기록된 어떤 언약들을 우리에게 주셨다. 하나님은 어마어마한 약속을 하셨는데, 한 예로 아브라함과 유대 민족에게 주신 언약적 약속을 들 수 있다. 또한 하나님은 신약성경에서 각 개인에게 약속을 주셨다. "아들을 믿는 자는 영생을 얻는다." 그런데 하나님의 기록된 언약과 더불어 창조 언약도 있다. 성경의 언약은 명제적이고 언어로 표현된 언약이다. 그러나 창조 언약은 하나님이 사물을 만드신 방식에 의거한 언약이다. 하나님은 자신이 그것을 만드셨기 때문에 그것들과 관계를 맺으실 것이다. 하나님께서는 어떤 언약도 파기하지 않으실 것이다. 하나님은 창조의 질서를 어기지 않고 언제나 식물은 식물로, 동물은 동물로, 기계는 기계로, 사람은 사람으로 대할 것이다. 하나님은 기계에게 사람처럼 행동하라고 요구하지 않으실 것이며 사람을 기계처럼 다루시지도 않을 것이다.

그러므로 하나님은 그의 피조물을 통합적으로 다룬다. 즉 각 사물을 그 자체의 질서에 따라, 하나님 자신이 지으신 방식에 따라 대하신다. 하나님께서 이런 방식으로 피조물을 대하신다면, 우리 역시 우리의 동료 피조물들을 이와 유사하게 통합적으로 다루어야 하지 않겠는가? 하나님께서 식물은 식물로서, 기계는 기계로서, 사람은 사람으로서 대하신다면, 나 역시 동료 피조물에 대하여 그와 동일한 방식으로, 즉 그 자체의 질서에 따라 통합적으로 각 사물을 대해야 하지 않겠는가? 내가 하나님을 사랑한다는 숭고한 이유 때문에, 피조물을 만드신 그분을 사랑하기 때문에 그렇게 해야 하지 않겠는가! 만물을 만드신 사랑이신 그분을 사랑하기 때문에 나는 그분이 만드신 것을 존중하는 것이다.

이런 태도는 범신론이 아님에도 불구하고 모든 피조물을 의식적으로 존중하고 있다는 점을 강조하는 바이다. 의식적으로 우리는 각 사물을 그 고유의 질서와 수준에 따라 다루어야 한다. 많은 다른 것들과 마찬가지로 이런 태도 역시 그리스도인의 삶에서 저절로 나타나는 것은 아니다. 하나님은 우리를 사람으로 대하시고 우리가 스스로 선택하며 사람답게 행동하기를 기대하시기 때문이다. 그러므로 우리가 접촉하는 각각의 사물을 의식적으로 통합적으로 대해야 한다.

훌륭한 현대 건축가는 재료들을 통합적으로 사용하려고 노력한다. 그러므로 예를 들어 만일 그가 콘크리트 재료를 사용하고 있다면 그는 그것이 벽돌이 아니라 콘크리트 재료처럼 보이기를 원할 것이다. 위대한 건축가인 라이트(Wright)는 건축가에게 있어서 또 다른 통합의 영역을 강조하였다. 그는 건물의 통합성 개념을 지형의 통합성 개념으로 발전시켰다. 그러므로 오늘날에도 물질을 정직하게 대하려는 이런 욕구가 있다. 만일 우리가 아름다운 경관을 계속 유지하기 원한다면, 지형의 통합성과 사용될 재료의 통합성을 염두에 두어야 할 것이다. 모든 사람들은, 비록 그들이 그 사실을 모른다고 하더라도, 하나님의 형상에 따라 창조되었기 때문에 이런 통합성의 개념을 옳은 것으로 받아들인다. 그러나 그리스도인들은 하나님과 특별한 관계를 맺고 있기 때문에 그 개념에 대하여 특별한 이해를 갖고 있다. 그리고 우리가 하나님과 맺고 있는 의식적인 관계는, 하나님이 만물을 다루는 방식과 동일한 방식으로 우리가 하나님이 창조하신 그 만물을 대할 때에 더욱 증진될 것이다.

사회학적인 문제에 있어서 현대인은 오직 사회학적인 "평균치"(average)만을 다룬다. 그러나 현대 생태학 분야에서 현대인은 비명을 지르기 시작하였다. "나는 도시에서 죽어가고 있고 우리의 대양도 죽어가고 있다." 이것은 사회학적인 "평균치"들을 훨씬 넘어서는 것들이다. 자연에 대한 현대인의 내적인 태도가 연관되어 있는 것이다. 현대인은 자연을 어떻게 다루고 있는가? 그는 대양의 실제적인 "가치"를 인정하지 않는다. 자연에 대한 현대인의 태도는 아주 어리석게도 이기주의적이고 실용주의적인 가치관이다. 현대인은 자연을 가장 나쁜 의미에서 단지 하나의 "사물"로 다루고, 인간의 "유익"을 위하여 그것을 착취한다. 자연이 오직 우연에 의하여 생겼다고 믿는 사람들은 사물들의 참된 내재적 가치를 부여할 수 없다. 그러나 그리스도인은 사물의 내재적인 가치를 부여할 수 있다. 한 사물의 가치는 그 자체가 자율적으로 존재하는 것이 아니다. 사람 자신이 하나님에 의하여 창조된 것과 같이 자연도 하나님에 의해 창조되었기 때문에 가치를 지니고 있는 것이다.

린 화이트가 지적한 것처럼 많은 "그리스도인들"이, 나무에는 영이 있고 따라서 함부로 나무를 자르지 않는다는 물활론자들(animists)보다 생태학 분야에서 뒤떨어져 있다. 그러나 비록 그것이 사실이라고 하더라도, 그 원인은 기독교가 그에 대한 대답을 갖고 있지 못한 것이 아니라 우리가 그 대답에 근거하여 행하지 않았기 때문이다. 기독교가 나무에 부여하는 가치가 물활론자들의 가치보다 더 작은 것이기 때문이 아니라 우리가 알고 있는 혹은 알아야 하는 나무의 가치, 즉 하나님의 피조물로서 나무가 갖고 있는 가치를 고려하여 다루지 않았기 때문이다.

이것은 아브라함 카이퍼(Abraham Kuyper)의 영역 주권 개념을 확대한 것이다. 카이퍼는 각 사람을 많은 입장을 가진 존재로 보았다. 즉 국민의 한 사람, 고용주로서의 입장, 아버지로서의 입장, 교회의 장로로서의 입장, 대학 교수로서의 입장을 한 사람이 가질 수 있는데, 이런 모든 입장들 각각은 서로 다른 영역인 것이다. 그러나 그런 모든 입장들이 서로 다른 시간과 영역에 속한 것이라고 하더라도, 그리스도인은 그 각각의 영역에서 그리스도인답게 행동해야 한다. 그리스도인이라는 입장은 항상 존재하는 것으로, 교실에 있건 집에 있건간에 성경의 규범 아래서 항상 그리스도인으로서 있어야 하는 것이다.

자, 여기에 확장된 개념이 있다. 나는 그리스도인의 한 사람이다. 그러나 동시에 나는 피조물이다. 즉 나는 자율적이지 않은 존재로 창조되었고, 나와 마찬가지로 자율적이지 못한 다른 피조물들과 관계를 맺고 있다. 그리스도인으로서 나는 다른 모든 피조물들을 통합적으로, 즉 창조에 의하여 각 사물에 부여된 그 고유의 영역에 따라 피조물들을 대하고자 노력한다.

이 장을 요약하기 위해, 우선 하나님께서 모든 사람과 만물을 만드셨다는 근본적인 사실을 되풀이하여 말하고자 한다. 그분이 나의 육체와 영혼을 만드셨다. 그분이 나를 영혼과 육체의 갈망을 지니고 있는 현재의 내 모습으로 만드셨다. 또한 하나님은 나를 만드신 것처럼 만물을 만드셨다. 그분은 돌을 만드셨을 뿐 아니라 우주의 가장 먼 곳에 있는 별도 만드셨다. 하나님이 이 모든 것을 창조하셨다!

이 창조물 중에 어떤 것이 본질적으로 열등하다고 생각하는 것은 참으로 그것을 만든 하나님께 대한 모욕이다. 그 사실이 그렇게 명백하고 뚜렷함에도 불구하고 그리스도인들은 왜 방황하는 것인가? 하나님께서 나의 영혼과 육체를 다 만드셨는데도 불구하고 왜 육체가 영혼보다 열등하다고 말해야 하는가?

둘째로, 그리스도의 성육신은 인간의 육체와 자연이 열등한 것으로 간주되지 말아야 한다는 사실을 가르친다. 무엇보다도 하나님이 사람을 육체를 가진 존재로 만드셨기 때문에 예수님도 실제로 육체를 입으셨다. 즉 성육신을 통하여 창조주 하나님이 인간의 육체를 입으셨다. 더 나아가 부활하신 이후에 예수 그리스도는 음식을 먹을 수 있었고, 다른 사람들이 그 부활한 몸을 만질 수도 있었다. 성경은 예수님이 실제적이고 역사적인 시공간 속에서 부활하셨다는 사실을 계속 주장한다. 그러므로 음식을 먹을 수 있고 만져질 수 있는 부활한 몸이 존재하였던 것이다. 이 육체는 단순히 환영(幻影)이나 "유령"이 아니었다. 그리고 바로 이 육체가 승천하여 보이지 않는 세계로 들어갔다. 음식을 먹을 수 있는 그 부활한 육체가 지금도 여전히 보이지 않는 세계에 존재하고 있으며 언젠가 역사의 미래의 어느 시점에서 보이는 세계에 다시 나타날 것이다.

우리의 부활도 그와 똑같은 부활이다. 그리스도가 다시 오실 때 우리의 육체는 죽은 자들 가운데서 들림을 받게 될 것이다. 그것은 참으로 물리적인 부활일 것이다. 그러므로 예수님의 육체든 우리의 육체든간에 강조점은 동일하다. 즉 하나님께서 육체를 만드셨으므로 그 육체는 멸시당하거나 열등한 것으로 여겨져서는 안 된다.

이와 동일한 강조가 노아의 시대에 주어진 하나님의 창조 언약에서 명백하게 발견된다. 창세기 9 : 8-17에서 우리는 창조와 관련된 하나님의 언약을 발견한다. "보라 내가 내 언약을 너희와 너희 후손(인류)과 너희와 함께한 모든 생물에게 세우리니." 그러므로 하나님이 말하고 있는 이 내용, 즉 그의 언약은 인류와 더불어 맺은 것인 동시에 마찬가지로 모든 창조물과 더불어 맺은 것이다. 13절에서 다시 하나님은 다음과 같이 말씀하신다. "내가 내 무지개를 구름 속에 두었나니 이것이 나의 세상과의 언약의 증거니라." 여기에서 하나님은 모든 창조물을 포괄하는 약속을 주신다. 하나님은 창조물에 관심을 갖고 계신다. 하나님은 그것을 멸시하지 않으신다. 그러므로 그리스도인들이 자연에 관한 플라톤적인 견해를 갖는 것은 아무런 근거도 없는 것이며, 성경적인 관점에서 볼 때 절대적으로 거짓된 것이다. 하나님께서 만드신 것을 피조물인 내가 경멸해서는 안 된다.

제 5 장
실질적인 치료

로마서 8장에서 바울은 예수 그리스도가 다시 올 때 어떤 일이 생길 것인지를 미리 그려보고 있다. 그는 다음과 같이 말한다. "피조물의 고대하는 바는 하나님의 아들들(그리스도인들)의 나타나는 것이니 피조물이 허무한 데(즉 헛된 것에) 굴복하는 것은 자기 뜻이 아니요 오직 굴복케 하시는 이로 말미암음이라 그 바라는 것은 피조물도 썩어짐의 종노릇한 데서 해방되어 하나님의 자녀들의 영광의 자유에 이르는 것이니라 피조물이 다 이제까지 함께 탄식하며 함께 고통하는 것을 우리가 아나니 이뿐 아니라 또한 우리 곧 성령의 처음 익은 열매를 받은 우리(그리스도인)까지도 속으로 탄식하여 양자될 것 곧 우리 몸의 구속을 기다리느니라."

여기서 바울이 말하는 바는 우리의 육체가 죽은 자들 가운데서 일어나게 될 때 자연도 역시 회복될 것이라는 사실이다. 어린 양 예수 그리스도의 피는 인간과 자연 모두를 구속하였다. 이것은 모세가 이집트에 있을 때, 히브리 사람들이 문설주에 발랐던 피가 그들의 아들들뿐만 아니라 그들의 짐승들의 생명까지 구하였던 사실과 일맥상통하는 것이다.

앞장에서 강조했던 것처럼, 성경은 자연에 대한 플라톤적 구별의 여지를 전혀 제공하지 않는다. 그리스도의 죽음은 타락의 결과들로부터 인간의 영혼과 육체를 구속하였을 뿐만 아니라, 마찬가지로 우리가 죽음에서 다시 일으킴을 받을 때에 모든 자연을 타락의 악한 결과들로부터 구원할 것이다.

로마서 6장에서 바울은 이 미래의 원리를 우리의 현재 상황에 적용한다. 그것은 기독교적 영성의 위대한 원리이다. 죽음을 당하신 그리스도께서 우리의 구세주이며, 우리를 죽은 자 가운데서 살리기 위하여 다시 오실 것이다. 믿음에 의하여 지금 우리는 실제로 이런 방식으로 살아 갈 수 있다. 왜냐하면 이것은, 성령의 능력과 믿음으로 그리스도의 죽음에서도 진실로 입증되었고, 그리스도가 다시 오실 때에도 사실로 입증될 것이기 때문이다. "만일 우리가 그리스도와 함께 죽었으면 또한 그와 함께 살 줄을 믿노니……이와 같이 너희도 너희 자신을 죄에 대하여는 죽은 자요 그리스도 예수 안에서 하나님을 대하여는 산 자로 여길지어다." 그러므로 우리는 그것을 고대하는데, 언젠가 그것은 완전하게 될 것이다. 그러나 우리는 그리스도의 사역을 근거로 하여, 타락에 영향을 받은 현재의 모든 영역에서 실질적인 치료를 구해야 한다.

바로 이 점에서 하나님과 우리의 관계에 있어서도 어떤 구분이 설정되어야 한다는 점을 이해해야 한다. 우리가 그리스도를 구세주로 받아들였을 때, 하나님께서 우리의 죄책을 없어진 것으로 선언하심으로써 법적인 의미에서 의롭다 하심으로 우리의 죄책은 완전히 제거되었다. 그러나 현실적으로 우리가 그리스도인이 된 때부터 그리스도께서 다시 오실 때까지 혹은 우리가 죽을 때까지의 삶에서 우리는 하나님과 완전한 관계를 맺고 있지 않다. 그러므로 참된 영성은 그리스도의 사역을 실존적으로 매순간 고대하는 것에, 즉 현재 이 순간에 하나님과 우리의 관계의 실질적인 내용을 믿음 안에서 찾고 구하는 데 있다. 살아계시는 인격적인 하나님과의 관계가 실제적인 것이 되려면 바로 이 순간에 실질적으로 그렇게 찾고 구해야 한다.

이것은 다른 영역에 있어서도 마찬가지이다. 종교개혁자들의 신학에서 항상 강조되었던 것처럼, 타락으로 말미암아 인간이 하나님과 분리되었을 뿐만 아니라 다른 깊은 분리들도 생겨나게 되었다. 창세기 3장에 나타난 거의 모든 "저주"가 외향적인 징후들에 집중되어 있다는 점이 흥미롭다. 인간 때문에 저주를 받게 될 대상은 땅(earth)이었다. 출산의 고통에 연관되어 있는 존재는 산모의 아기이다.

그러므로 다른 분리들이 존재한다. 우선 인간이 하나님과 분리되었다. 또한 타락 이래로 인간은 자기 자신에게서 분리되었다. 이런 분리는 심리적인 분리이다. 나는 타락의 결과로 각 개인이 자기 자신으로부터 분리된 것이 가장 기본적인 정신병이라고 확신한다.

그 다음의 분리는 인간이 다른 사람들과 분리된 것이다. 이 분리는 사회학적인 분리이다. 그리고 인간은 자연으로부터 분리되었고, 자연은 또한 자연으로부터 분리되었다. 그러므로 이런 다양한 분리들이 존재하고 있는데, 언젠가 그리스도께서 다시 오시면, "어린 양의 피"로써 이 모든 분리들을 완전히 치료하실 것이다.

그러나 성경을 믿는 그리스도인들은 단순히 "언젠가" 치료될 날이 있을 것이라고 말하도록 부름받은 것이 아니라, 하나님의 은혜와 그리스도의 사역에 의한 실질적인 치료가 지금 여기에서 가능하다고 말하도록 부름받았다.

성경을 믿는 정통적인 교회는 이 사실을 실제로 풍성하게 드러내 보이지 못하였다. 우리가 사회적인 분리를 치료하기 위하여 하였던 일이 무엇인가? 오히려 교회는 종종 추문거리가 되었다. 우리는 교회 "밖의" 사람들에게 잔인하게 대하였을 뿐만 아니라, 교회 "안에 있는" 사람들에게도 그러하였다.

그것은 심리학적으로도 사실이다. 우리들은 사람들에게 "그리스도인은 타락하지 않는다"고 가르침으로써 그들에게 심리적인 부담을 지게 만든다. 그것은 일종의 살인이다.

다른 한편으로, 우리가 개인적으로뿐 아니라 집단적으로 가져야 할 입장은 기독교가 단지 "그림의 떡"이 아니라, 타락으로 인한 분리들이 있는 모든 영역에서 그리스도의 사역에 기초한 실질적인 치료를 제공해 줄 가능성을 갖고 있는 사실을 증거하는 것이다. 무엇보다도 먼저 내가 하나님으로부터 분리되었던 사실이 의롭다하심을 인하여 치료되었고, 따라서 그 사실의 "실존적인 실체"(existential reality)가 차츰차츰 드러나야 하는 것이다. 둘째로, 인간은 자기 자신으로부터 심리학적으로 분리되어 있다. 셋째로 인간들 사이의 사회학적 분리가 있다. 마지막으로, 인간과 자연 사이의 분리와 자연과 자연 사이의 분리가 있다. 이 모든 분야에서 우리가 실질적인 치료를 위하여 할 수 있는 일들을 하여야 한다.

나는 "실질적으로"(substantially)라는 말을 결정하기 위하여 오랫동안 고심하였는데, 내 생각에 이것은 적절한 단어인 것 같다. 이 말은 완전(perfect)하지는 않지만, 그럼에도 불구하고 실제적(real)이고 명백한(evident) 치료라는 의미를 담고 있다. 과거의 역사와 미래의 역사 때문에 우리는 신앙에 의하여 현재 이런 방식으로 살도록 부름받았다.

이런 사상을 자연과 우리의 관계라는 영역으로 옮겨 보면, 정확하게 일맥상통하는 사실이 나타난다. 인간뿐 아니라 자연의 완전한 구원이 미래에 있을 것이라는 사실에 기초하여 볼 때, 성경을 믿는 그리스도인들은—성령의 능력으로 그리고 하나님의 도움을 받아—자연이 미래에 그렇게 될 방식에 따라 지금 자연을 대하는 사람이어야 한다. 그것은 지금 완전하게 되지는 않을 것이지만, 그러나 실질적인 무언가가 틀림없이 존재하고 있으며 우리는 우리의 소명을 놓치고 있는 것이다. 지금 하나님께서 (마치 참된 영성 속에 있는 개인적인 그리스도인의 삶의 영역에서처럼) 자연의 영역에서 그리스도인들과 그리스도인의 공동체에게 부여하신 소명은, 그리스도인이 지금 여기에서 가능한 한 인간과 자연간의, 그리고 자연과 자연간의 실질적인 치료를 보여주어야 한다는 것이다.

프란시스 베이컨(Francis Bacon)은 학문의 신기관(*Novum Organum Scientiarum*)에서 다음과 같이 말하고 있다. "인간은 타락에 의해 그의 무죄한 상태와 자연에 대한 지배력을 함께 상실했다. 그러나 이러한 것이 현세에서도 다소 회복될 수 있다. 전자는 종교와 신앙으로 후자는 예술과 과학에 의해 가능하다." 정통적이고 복음주의적인 교회들까지도 그 사실을 항상 기억하고 있지는 못하였다는 것은 비극이다. 여기에서, 그리스도인들이 현세에서 과학과 예술을 통하여 자연을 그 적절한 위치로 되돌리는 일에 어느 정도 참여하는 것이 가능하다.

그러나 그것은 어떻게 성취되는가? 첫째로, 우리가 살펴보았듯이 창조에 관한 강조를 통하여 성취된다. 그리고 두번째로, 자연에 대한 인간의 "지배"를 새롭게 이해함으로 가능하다(창 1 : 28). 인간은 창조의 더 "낮은" 질서에 대하여 지배권을 가지고 있다. 그러나 인간이 그들의 주권자인 것은 아니다. 오직 하나님만이 주권자 (Sovereign Lord)이심을 명심하고 창조의 더 낮은 질서에 속하는 것들을 대해야 한다. 인간은 자신의 소유물을 이용하고 있는 것이 아니다.

우리에게 경제적 소유로 주신 선물들에 대해서도 마찬가지이다. 그것들 역시 하나님께서 쓰라고 주신 것들로 생각하고 대해야 한다. 예수님께서 가르치신 달란트 비유(마 25 : 15 이하)에서, 달란트 혹은 돈은 그것을 맡은 자의 소유가 아니었다. 그는 청지기 혹은 하인이었으며 오직 그 참된 소유자를 위하여 청지기로서 그 돈을 관리해야 했다.

우리가 자연을 지배할 때에도 마찬가지의 태도가 요구된다. 왜냐하면 자연은 우리의 소유가 아니기 때문이다. 자연은 하나님께 속한 것이며, 따라서 우리는 자연에 대한 우리의 지배권을 마치 자연을 착취해도 좋다는 허락으로 알고 휘둘러서는 안 된다. 오히려 하나님이 우리를 신뢰하여 맡긴 것으로 여겨야 한다. 우리는 자연이 본질적으로 우리의 소유가 아니라는 사실을 인식하고 그것을 이용해야 한다. 자연에 대한 인간의 지배는 하나님의 지배 아래 있는 것이다.

내가 이성에서의 도피(*Escape from Reason* - 생명의 말씀사 역간)에서 강조했듯이, 어떤 것이 자율적이 되면 자연은 은총을 "잠식"하게 되고 곧 모든 의미가 상실된다. 여기에서도 마찬가지이다. 유물론자에 의해서든 혹은 실수로 잘못된 견해를 갖게 된 그리스도인에 의해서든, 자연이 자율적이 되면 곧 인간이 자연을 잠식한다. 우리가 오늘날 목격하고 있는 것이 바로 이것이다. 그러다가 갑자기 인간이 비명을 지르기 시작하였다. 나는 하나님께서 인간의 이런 잘못된 일들을 허용하고 계신다고 확신한다. 문제는 단순히 인구 성장에 있는 것이 아니다. 또한 마찬가지로 과학기술의 성장에만 있는 것도 아니다. 그런 요인들은 조정이 가능하다. 화이트가 올바로 지적하였듯이, 문제는 인간이 갖고 있는 자연에 대한 철학에 있다.

참된 철학의 필수적인 부분은 창조계의 계획과 유형에 대한 올바른 이해, 즉 피조물을 만드신 하나님이 계시한 대로의 이해이다. 예를 들자면, "상위"에 있는 각 단계들은 - 기계, 식물, 동물, 인간의 순으로 - 자기보다 아래에 있는 것을 이용하고 있다는 점을 깨달아야 한다. 우리는 인간이 동물과 식물, 기계에 의존하고 있으며 그것을 사용하고 있다는 사실을 안다. 또한 동물은 식물을 먹는다. 식물은 우주의 기계적인 부분을 이용한다. 하나님의 창조계에서 각각의 것은 그 아래에 있는 것들을 이용한다.

우리는 또한 각각의 사물들이 그 자체의 본성에 의하여 제한된다는 점을 깨달아야 한다. 즉 식물은 식물이라는 사실에 의하여 제한된다. 그러나 또한 식물은 그보다 아래에 있는, 자기가 이용하고 있는 자원들에 의해서도 제한된다. 즉 식물은 화학적 자원들의 한계 조건을 기반으로 하여 화학반응을 할 수 있는 것이다. 식물이 이용할 수 있는 것은 이것 말고는 달리 존재하지 않는다.

이런 사실은 인간에게도 마찬가지이다. 우리는 우리 자신의 우주를 만들어 낼 수 없다. 우리는 단지 창조의 질서 속에서 우리 아래에 있는 것들을 사용할 수 있을 뿐이다. 그러나 한 가지 차이점은 있다. 그것은, 동물들은 그 아래에 있는 것들을 있는 그대로 이용해야 하지만 인간은 그렇지 않다는 점이다. 물론 인간도 그 아래에 있는 것들의 어떤 필수적인 한계들을 받아들여야 하지만 인간은 존재하는 사물에 의식적으로 영향을 미칠 수 있다. 그것은 실제적인 차이점이다. 동물은 식물을 단순히 먹을 뿐이다. 동물은 자기가 처한 상황이나 자기가 이용할 자원을 바꿀 수 없다. 반면에 인간은 제한점들을 받아들임에도 불구하고 자연과의 관계에 있어서 하나님이 만들어 놓으신 사물의 성격을 바탕으로 하여 자기 아래에 있는 것들을 의식적으로 다루도록 요청받고 있다. 동물과 식물은 그렇게 할 수밖에 없는 반면에 인간은 꼭 그렇게 하도록 결정되어 있지는 않다. 인간은 자기보다 아래에 있는 것들을 이용해야 하지만 또한 그것들을 그 자체로는 아무것도 아닌 것처럼 대할 수도 있다.

자, 이제 다른 방식으로 한번 생각해 보자. 인간은 창조계에 대한 지배권을 부여받았다. 이것은 사실이다. 그러나 타락 이래로 인간은 이 지배권을 잘못 써 왔다. 인간은 자신을 우주의 중심에 두신 분에 대항하는 반란자가 되었다. 창조에 의하여 인간은 그 지배권을 갖게 되었으나 타락한 피조물로서 인간은 그것을 잘못 사용하였다. 타락한 인간은 창조된 것들을 마치 그 자체로는 아무것도 아닌 것처럼, 마치 인간이 그것들에 대하여 자율적인 권리를 갖고 있는 것처럼 착취한다.

그러나 주 예수 그리스도의 사역으로 말미암아 하나님과의 교제를 회복하고, 살아계시는 하나님과 올바른 관계를 맺게 된 그리스도인들은 마땅히 자연을 올바르게 이용하는 모습을 중시(證示)해야 한다. 그리스도인들은 자연을 지배해야 하지만 타락한 사람들이 자연을 이용하는 방식대로 해서는 안 된다. 우리는 자연이 마치 그 자체로 아무것도 아닌 양 대하거나 우리가 할 수 있다고 해서 자연을 마음대로 다루어서는 안 된다.

 이와 유사한 관계로 들 수 있는 사례가 여자에 대한 남자의 지배이다. 타락시에 남자는 집에서 여자를 다스릴 지배권을 부여받았다. 그러나 타락한 인간은 이 지배를 폭정으로 바꾸어서 아내를 노예로 만들었다. 그러므로 우선 유대의 가르침, 즉 구약성경에서 그리고 나중에는 신약성경에서 남자는 여자를 학대하지 말고 그 지배권을 행사하도록 좀더 특별하게 가르침을 받는다. 남자는 집에서 머리가 되어야 한다. 그러나 또한 남자는 그리스도가 교회를 사랑하듯이 아내를 사랑해야 한다. 그래야 모든 것이 다시 그 올바른 위치를 찾는 것이다. 타락한 세계에도 질서가 있을 수 있다. 그러나 무엇보다도 그 질서는 사랑에서 찾아야 한다.

 그러므로 타락한 인간은 자연에 대한 지배권을 갖고 있지만 그것을 잘못 사용하고 있다. 그리스도인은 이러한 지배권을 올바르게 드러내도록 요청받고 있다. 즉 사물들을 그 자체의 가치대로 대하며, 파괴적이지 않은 방식으로 지배해야 한다. 교회는 이 점을 항상 가르치고 실천했어야 했다. 그러나 일반적으로 교회는 그렇게 하지 못하였다. 우리는 그 실패를 고백해야 할 필요를 느낀다. 프란시스 베이컨은 자연에 대한 올바른 태도를 알고 있었고 또 여러 시대에 그것을 알고 있었던 그리스도인들이 있었던 것은 사실이다. 그러나 대체로 기독교의 선생들은, 정통적인 신학자들 가운데 가장 뛰어난 사람들까지 포함하여, 아주 오랫동안 이 점에 있어서 매우 빈약함을 드러내었다고 인정해야 한다.

유사한 사례를 하나 들어 보자. 산업혁명 시대의 경제적 남용에 대하여 교회가 비판하였다면 어떻게 되었을까? 이 말은 산업혁명이 나쁜 것이라거나 사유재산이 나쁘다는 의미가 아니다. 내가 말하고자 하는 바는, 교회가 사회적 공감대를 얻고 있었던 역사상의 어떤 시점에서 경제적인 지배의의 착취에 대하여 (몇몇 뚜렷한 예외들을 제외하고는) 꾸짖지 못하였다는 사실이다. 마찬가지로 교회는 역사를 통하여 계속했어야 했던 일, 즉 자연 남용에 대한 비판을 하지 못하였다.

그러나 교회가 그 믿음을 실천에 옮기면, 인간과의 관계에서뿐 아니라 자연과의 관계에서도 실질적인 치료를 제공한다. 그러한 치료의 첫 열매 가운데 하나는 아름다움에 대한 새로운 감각이다. 심미적인 가치가 존중된다. 하나님은 동물과는 달리 사람을 미적인 감각을 지닌 존재로 만드셨다. 이제껏 어떤 동물도 예술 작품을 만들어 내지 못하였다. 그러나 하나님의 형상으로 만들어진 인간은 미적인 자질을 가지고 있고, 그가 올바른 태도로 자연과 접촉하기 시작하자마자 자연 속에 보존된 아름다움이 드러난다. 그뿐 아니라 경제적이고 인간적인 가치들도 덧붙여져서 지금 우리가 다루고 있는 생태계의 문제도 사라질 것이다.

그리스도의 사역에 기초하여 그리고 성경의 세계관과 철학에 따라 사물들을 대함으로써, 그리스도인들은 개인적으로나 집단적으로나 세상이 만들어 내려고 시도하였으나 실패한 것을 만들어 낼 수 있는 존재로 나타날 수 있을 것이다. 그리스도인 공동체는 우리가 처한 현 상황에서 실질적인 사회학적 치료가 가능하다는 진리를 드러내는 산 증거여야 한다. 인본주의가 그런 치료를 갈망하고 있으나 그들은 그것을 만들어 낼 수 없었다. 사회학적인 치료를 부르짖고 있는 점에서 인본주의가 틀리지는 않았지만 그들은 그런 치료를 제시하지는 못한다. 마찬가지로 자연에 관한 실질적인 치료에서도 사정은 동일하다.

그러므로 우리가 기독교적인 기초에서 사물들을 다루기 시작할 때, 그것들이 이론뿐 아니라 실제에서도 바뀌기 시작한다는 것을 깨닫는다. 범신론은 인간을 희생시키지만 기독교적 기초에서는 인간이 희생되지 않는다. 무엇보다도 인간은 하나님의 형상으로 지어졌고 지배권을 부여받았기 때문이다. 한편 자연도 마찬가지로 존중된다. 각 사물은 그 고유의 수준에 맞게 다루어진다. 다른 말로 하면, 기독교적 기초 위에서는 균형이 유지된다. 인간은 지배권을 가지고 있다. 인간은 도덕적인 피조물이기 때문에 지배할 권리를 갖도록 선택되었다. 그러나 인간은 또한 그 지배권을 올바르게 사용하도록 선택되었다. 그는 스스로를 희생시키지 않으면서도 하나님이 만드신 것에 최상의 영광을 돌려야 한다.

다른 사람들이 어떻든간에 그리스도인들은 파괴자가 되어서는 안 된다. 우리는 엄청난 존경심을 갖고 자연을 대해야 한다. 우리는 밥을 짓기 위해서 혹은 가족을 따뜻하게 해줄 불을 지피기 위해서 나무를 베어 사용할 수 있다. 그러나 우리는 단순히 나무를 베는 행위 그 자체를 위해서 나무를 베어서는 안 된다. 우리는 코르크 나무의 껍질을 이용하기 위하여 필요하다면 그 나무의 껍질을 벗길 수도 있다. 그러나 우리는, 단순히 그 행위 자체를 위하여 나무껍질을 벗겨서 그 나무를 말라 죽은 앙상한 모습으로 바람부는 들판에 버려두는 일을 해서는 안 된다. 그런 행위는 나무를 통합적으로 대하는 것이 아니다. 우리는 집에서 개미를 제거할 권리를 갖고 있다. 그러나 개미 역시 하나님이 만든 것으로 자연 속의 그 올바른 자리에서 존재한다는 사실을 존중하면서 그렇게 해야 한다. 만일 우리가 길을 걷다가 개미를 본다면 그것들이 밟혀 죽지 않도록 발을 조심해야 한다. 개미도 우리와 마찬가지로 피조물이기 때문이다. 비록 개미는 우리와는 달리 하나님의 형상으로 창조된 것은 아니지만, 피조물이라는 점에서는 우리와 동일한 것이다. 개미나 사람이나 모두 피조물인 것이다.

이런 의미에서 성 프란시스가 "새들의 형제들"이라는 용어를 사용한 것은 신학적으로 올바른 것일 뿐 아니라, 깊이 생각해 보아야 할 것이며 또한 실제로 실천되어야 할 것이다. 뿐만 아니라 내가 나무와 새와 개미를 대할 때에 심리적으로 그런 감정을 느껴야 할 것이다. 만일 더 도어스 그룹이 한 노래의 가사 중 "우리의 어여쁜 누이"라는 표현에서 전달하려고 한 내용이 바로 이것이라면, 그것은 참으로 아름다웠을 것이다. 기독교 틀 속에서 올바르게 사용된다면 그런 표현은 아주 훌륭한 표현이다. 정통적이고 복음주의적인 그리스도인들이 그런 아름다운 개념들을 적절한 신학적인 배경에 맞추어 찬송으로 작곡한 사례가 거의 없는 이유가 무엇인가?

단순히 자연을 손상하기 위한 목적으로 자연을 손상해서는 안된다. 바위는 하나님께서 만드신 대로의 바위로 존재할 권리, 즉 하나님이 주신 권리를 갖고 있다. 만일 당신이 집의 기초를 놓기 위한 목적으로 그 바위를 옮기려고 할 때에는 모든 수단을 동원하여 그것을 옮겨도 좋다. 그러나 숲속에서 걷다가 바위에 끼인 이끼를 아무런 이유없이 벗겨내서 말라 죽게 하지는 말라. 그 이끼 역시 살 권리를 가지고 있기 때문이다. 이끼는 사람과 마찬가지로 하나님의 피조물 가운데 하나이다.

동일한 원칙을 적용할 수 있는 또 다른 예로 들 수 있는 것이 사냥이다. 양식을 얻기 위해서 동물을 죽이는 것과 단순히 살육의 대상으로 동물을 해치는 것은 구별되어야 한다. 낚시에 있어서도 사정은 마찬가지이다. 많은 사람들이 낚시로 잡은 물고기들을 버려두어서 썩어 냄새나게 한다. 물고기가 과연 그런 취급을 받아야 하는가? 물고기는 아무런 권리를 갖고 있지 않는가? 마치 물고기를 사람인 것처럼 가상하여 부여하는 권리가 아니라, 물고기가 실제로 갖고 있는 권리는 없는가? 물고기를 마치 사람의 몸과 같이 다루는 것은 잘못이다. 그러나 물고기는 나무나 돌 조각과는 다르다.

우리가 물고기보다도 "하위에" 있는 나무를 고려할 때, 그것이 한 그루의 나무로서의 고유한 가치를 가진 것으로 아는 한, 그것을 베어 쓸 수 있다. 그것은 아무런 의미도 없는 것이 아니다. 우리의 주거 문화 발전의 어떤 단계에서는 이런 사례가 실제적으로 적용되고 있다. 불도저들이 투입되어 모든 것을 평평하게 고르고 집을 짓기 전에 나무들을 깨끗하게 베어낸다. 그 결과 추한 모습이 드러난다. 불도저로 나무들을 베어넘기는 데에만 수천 달러가 더 들었을 것이다. 그러므로 나무들은 의심할 여지없이 아무런 이유없이 베어져 버린 것이다. 그러고 난 후에 우리는 그 결과를 보고는 어떻게 사람들이 그곳에서 살 수 있을까 하고 놀란다. 그곳은 황폐해져서 보다 덜 인간적일 뿐만 아니라, 표토(topsoil)가 씻겨져 내려갔기 때문에 경제적으로도 훨씬 가치가 떨어진다. 그러므로 사람이 하나님의 진리를 깨뜨리면 실제로 그 자신이 고통을 당하는 것이다.

1960년대의 히피들은 자연과 가까워지려고 맨발로 걸으면서 자연을 느끼려고 하였던 점에서 옳았다. 그러나 그들은 충분한 철학을 갖지 못하였고 따라서 범신론에 빠짐으로 추해졌다. 그러나 창조의 원칙을 이해해야 하는 그리스도인들은 자연을 존중할 이유를 갖고 있으며, 그에 따라 자연을 존중할 때 그 결과 자신에게 이익이 된다. 자 우리의 관점을 명백하게 정리해 보자. 우리의 입장은 단지 실용주의적인 태도가 아니다. 우리의 입장에는 어떤 기초가 있다. 그 기초란 하나님이 자연을 만드셨기 때문에 우리가 자연을 존중한다는 사실이다. 만일 정통적이고 복음주의적인 그리스도인이 자연을 잘못 대하거나 자연에 대하여 무감각하다면, 바로 그 점에서 그는 아무런 실제적인 기초가 없이도 인간과 자연의 관계는 단지 약탈자와 약탈당하는 것의 관계 이상의 어떤 관계여야 한다고 느꼈던 히피들보다도 잘못되어 있는 것이다. 당신이 자연을 가깝게 느끼기 위하여 맨발로 걸어도 좋지만 그렇게 하지 않아도 무방하다. 그러나 그리스도인으로서 당신은 당신의 동료 피조물인 자연에 대하여 어떤 생각을 갖고 있었으며, 어떻게 자연을 대하여 왔는가?

왜 내가 나무에 대하여 정서적인 반응을 보여야 하는가? 어떤 추상적이고 실용주의적인 이유에서인가? 전혀 그렇지 않다. 비그리스도인들은 나무를 잘라내면 그가 살고 있는 도시가 호흡하기가 곤란해질 것이기 때문에 나무를 돌보아야 한다고 말할지도 모른다. 그러나 그런 생각은 이기주의적이다. 이기주의는 시간이 얼마나 걸리든지 그리고 어떤 멋진 단어를 사용하든지간에 추한 모습을 드러내고 만다. 테크놀로지는 이기주의라는 기반 위에서 단지 자연과 인간의 목을 죄는 또 다른 왜곡만을 계속할 것이다. 그러나 그리스도인들은 나무 앞에 서서 나무에 대한 정서적인 반응을 갖게 되는데, 그 이유는 나무가 그 자체로 하나님에 의해 창조된 피조물로서 실제적인 가치를 지니고 있기 때문이다. 하나님에 의해 창조되었다는 사실에서 나무와 인간은 공통된 점을 갖고 있다. 인간과 나무는 모두 하나님에 의하여 만들어졌지 그저 우연히 던져진 존재가 아니다.

이런 인식을 갖게 될 때 갑자기 참된 아름다움을 발견하게 되고 삶은 생기를 얻는다. 세상이 우리 앞에서 이전에 결코 할 수 없었던 방식으로 호흡하기 시작한다. 우리는 한 인간을 그 모습 그대로 사랑할 수 있다. 왜냐하면 우리는 그가 누구인지를, 즉 그가 하나님의 형상으로 지음받았음을 알고 있기 때문이다. 우리는 동물과 나무와 심지어 우주의 기계적인 부분까지도 그 고유의 질서 안에서 돌볼 수 있다. 왜냐하면 그것들이 같은 하나님에게서 지음받은 우리의 동료 피조물이라는 사실을 알고 있기 때문이다.

제 6 장
기독교적 견해 : "실험공장"

참으로 성경적인 기독교는 생태계의 문제에 대한 실제적인 대답을 갖고 있다는 사실을 우리는 보았다. 참된 성경적 기독교는 하나님께서 자연을 창조하셨다는 진리에서 나오는, 자연에 대한 균형잡히고 건강한 태도를 제공한다. 참된 성경적 기독교는 타락으로 말미암아 자연 속에 발생한 결과들에 대하여 현실적이고 실질적인 치료를 제공한다. 그 치료는 그리스도 안에 있는 구속의 진리로부터 나온 것이다. 타락으로 말미암은 소외의 각 현상에 있어서 — 하나님으로부터의 인간의 분리, 인간 자신으로부터의 분리, 다른 사람으로부터의 분리, 자연으로부터의 인간의 분리, 자연으로부터의 자연의 분리 — 그리스도인들은 개인적으로나 집단적으로나 의식적이고 실제적인 치료와 구원을 베푸는 요소로 존재해야 한다.

기독교에 기반을 둔 과학과 테크놀로지는 그리스도의 재림 때에 있을 미래의 완전한 치료를 기다리는 한편 자연을 실질적으로 치료하는 노력을 의식적으로 기울여야 한다. 이 마지막 장에서 우리는 이러한 진리를 믿는 기독교회가 그러한 진리들을 생태학의 문제에 어떻게 실제적으로 적용할 수 있는가를 다루어야 한다.

여기에 우리의 소명이 있다. 세속적인 세상은 원하지만 할 수 없는 그 일을 교회가 그리스도의 사역을 기초로 하여 부분적이지만 실제적으로 성취할 수 있다는 것을 우리는 나타내 보여야 한다. 교회는 그 모임과 복음전도를 통하여 인간의 반란으로 생겨난 모든 분리와 소외에 대한 실질적인 치료를 사람들에게 보여주는 "실험공장"(pilot plant)이어야 한다.

"실험공장"이라는 표현을 설명하고자 한다. 한 공업회사가 커다란 공장을 건설하려고 할 때 우선 실험공장을 하나 세운다. 이 실험공장은 원래 규모의 공장이 작동하게 될 것을 보여주기 위하여 세운 것이다. 그러므로 나는 교회가 인간과 그 자신과의 문제, 인간과 인간의 문제, 인간과 자연의 문제를 치료하는 실험공장이 되어야 한다고 믿는다. 실제로 이와 같은 일이 없이는 세상이 우리가 하는 말에 귀를 기울이지 않을 것이다. 예를 들어 자연의 영역에서 우리는 내가 앞서 설명한 상황과 정반대 되는 것을 보여주어야만 한다. 이교도들의 포도 제전 때 가서 보았던 모습은 그리스도인들이 보기에도 아름다운 환경을 갖춘 곳이었던 반면에 그리스도인들은 이교도들이 보기에 추한 것을 드러내었다. 이런 상황은 뒤바뀌어야 한다. 그렇지 않으면 우리의 말이나 철학이 무시되고 말 것이다.

그러므로 기독교는 그리스도인 개인의 태도를 통해서나 교회 공동체를 통해서나, 인간이 현재의 삶 속에서 자연을 파괴하지 않으면서 자연을 지배할 수 있다는 사실을 나타내 보여주는 "실험공장"이 되어야 한다. 이 문제와 관련된 두 가지 사례를 들어 보자.

그 첫번째는 노천 채굴(strip mining)의 사례이다. 노천 채굴을 한 지역들이 대개 황무지로 변하는 이유가 무엇인가? 영국의 미드랜드(Midland) 지방의 "검은 지방"(Black Country)이 왜 검은가? 환경을 그토록 추하게 파괴하도록 만든 것이 무엇인가? 인간의 탐욕이 바로 그 이유이다.

만일 노천 채굴자들이 불도저를 이용하여 표토를 밀어버리고 석탄을 캐낸 후에 다시 표토를 덮었다면, 석탄을 캐낸 후 10년이 지나서 그곳은 다시 푸른 들이 될 수 있었을 것이며 50년 안에 숲이 될 수 있었을 것이다. 그러나 실상은 사람들이 자연에서 합리적으로 얻을 수 있는 이익 이상을 바람으로써 자기들이 이용한 지역을 황무지로 바꾸어 버리고는, 표토가 사라져서 풀이 자라지 않는다고 강변한다. 그래서 수백 년 동안이나 그곳에는 나무가 자랄 수 없는 것이다!

땅을 적절하게 다루려면 항상 두 가지 선택을 해야 한다는 말이 옳다. 첫번째 선택은 경제적인 문제이다. 땅을 잘 다루려면 우선 돈이 더 많이 든다. 예를 들어 내가 언급했던 학교의 경우에, 그 장소를 개선하기 위하여 그들이 해야 할 일은 그들이 건축한 건물 주위에 나무를 심는 것이다. 그러나 나무를 심는 데는 돈이 들고, 누군가가 그 돈으로 나무를 심는 일 대신 다른 일을 해야 한다고 결정할 수도 있다. 물론 학교는 다른 중요한 일을 위해서 돈을 필요로 하지만, 나무를 심는 것이 바로 그 중요한 일일 때가 있다.

두번째 선택은 땅을 적절하게 다루려면 보통 더 오랜 시간이 걸린다는 점이다. 돈과 시간이라는 두 요소가 우리의 환경을 파괴로 이끌고 있다. 그 두 요소를 다른 말로 표현하자면 탐욕과 성급함이다. 문제는 우리가 눈앞의 이익과 시간 절약을 선택하느냐 아니면 하나님의 자녀로서 마땅히 해야 할 일을 실제로 선택하느냐에 달려 있는 것 같다.

이것을 노천 채굴에 적용해 보자. 노천 채굴을 했다고 해서 펜실베이니아 주 서부와 켄터키 주 동부를 현재의 상태로 내버려 둘 이유는 없다. 노천 채굴을 한 후에 이처럼 방치된 채로 두어서는 안 된다. 앞서 지적했던 것처럼 불도저를 이용하여 표토를 다시 덮을 수 있다. 우리 그리스도인 공동체는 다른 사람들이 우리의 아내들을 폭행할 권리가 없다고 주장하는 것과 마찬가지로 그들이 우리의 땅을 약탈할 권리가 없다고 거부하는 것이다. 그것은 곧 자연을 착취하지 않음으로써 이익을 보다 적게 남기도록 주장하는 것이다. 그 첫걸음은 그리스도인 개인으로서 혹은 그리스도인 공동체로서 우리 자신부터 어떤 형태로든지 탐욕 때문에 우리의 어여쁜 누이를 약탈하지 않는다는 사실을 보여주는 것이다.

    스위스에서 바로 그 같은 일이 있었던 것을 볼 수 있다. 스위스에는 첩첩산중에 마을이 있다. 그 마을은 전기를 사용하지 않았다. 그 주민들은 천년 동안이나 전기 없이 잘 살아 왔다. 그런데 어느 날 갑자기 "문명"이라는 것이 밀려들어 왔고, 전기가 없이는 문명을 누릴 수 없다는 사실을 모두가 다 알게 되었다. 그래서 그 마을에 전력을 공급하기로 결정하였다.

    그 마을이 전력을 공급받는 방식에는 두 가지가 있다. 그들은 석 달 만에 전기를 공급받을 수도 있다. 장애가 되는 나무를 모두 베어버리고 숲을 여러 조각으로 헤쳐버리고 크고 무거운 전선을 드리워서 아름다운 경관 위에다 추한 모습을 드러내도록 하면 짧은 기간에 전기를 공급받을 수 있다. 그러나 이삼 년이 걸려서 전기를 공급받을 수도 있다. 전선과 숲을 보다 세심하게 다루고 눈에 띄지 않아야 할 것들을 잘 숨기고 환경의 통합성을 고려하고 훨씬 더 바람직한 모습으로 마무리하려면 긴 시간이 필요하다. 그러나 그렇게 하면 그들은 전기를 얻을 뿐 아니라 마을의 아름다운 모습을 여전히 유지하게 될 것이다. 그들은 단지 이제껏 전기가 없이 살아왔던 천년 동안의 기간에 이삼 년을 더 기다리기만 하면 되는 것이다. 여기에는 경제적인 요인들도 포함되겠지만, 가장 문제가 되는 것은 성급함이다.

    다행스럽게도 지난 수년 동안 스위스의 여러 곳에서는 이런 방식으로 일이 진행되었다. 예를 들어, 내가 살고 있는 마을에서는 전화선이 모두 땅 속으로 설치되었다. 그 결과 아주 달라진 인상을 주게 되었다. 사람들은 이제 난잡하지 않은 알프스의 한 마을을 볼 수 있게 되었다. 이 마을이 이전에 어떤 모습이었는지를 모르는,

처음 방문한 사람들에게도 그 결과는 마찬가지이다.

아스팔트 정글이라고 할 수 있는 미국의 고속도로에 관하여도 마찬가지로 생각할 수 있다. 불도저가 스위스의 산맥을 가로질러 가는 데 자주 사용된다고 생각해 보라. 흉하고 추한 모습은 거의 언제나 성급하게 서둔 결과이다. 그리고 성급함에 의해서든 탐욕에 의해서든 그것들은 자연을 희생시키는 것이다.

스위스의 시욘 성(Castle Chillon) 부근의 고속도로 건설에서 그런 사정이 얼마나 개선될 수 있는가를 볼 수 있다. 비용을 더 들이고 세심한 주의를 기울여 성의 뒤편에 멀리 떨어진 곳에 다리 모양의 도로를 높이 건설한 결과 그 부근의 경관이 보존되었다.

그리스도인인 우리는 "그만!"이라고 말하는 법을 배워야 한다. 왜냐하면 이 시점에서는 무엇보다도 탐욕이 자연을 파괴하고 있으며 우리에게는 서두르지 않아도 될 만큼 시간이 있기 때문이다.

이 모든 일들이 자동적으로 이루어지는 것은 아니다. 오늘날의 과학은 인간을 인간 이하로 다루며 자연을 자연 이하로 다룬다. 그 이유는 근대 과학이 잘못된 기원(origin)을 갖고 있기 때문이며 그 때문에 자연을 자연으로, 인간을 인간으로 다룰 어떤 충분한 범주를 전혀 갖지 못하고 있기 때문이다.

그렇지만, 우리 그리스도인들은 신중해야 한다. 우리가 이미 기회를 놓쳤다는 사실을 고백해야 한다. 우리는 유물론적 과학에 반대하는 목소리를 높여야 하지만, 그리스도인인 우리 자신이 인간과 자연에 대한 테크놀로지적 성향에 실제로 지배되지 않는다는 사실을 잘 보여주지 못하였다. 테크놀로지를 이용하여 할 수 있는 일이라고 해서 모두 다 해서는 안 된다는 어떤 기본적인 이유가 있다는 사실을 우리는 오랜 시간을 걸쳐 강조하고 실천했어야 했다. 인간이 그가 사는 지구를 구하도록 도울 기회를 우리는 놓쳤다. 그뿐 아니라 이 세대에서도 우리들은 복음을 증거할 기회를 놓치고 있는데, 자연에 대한 실제적인 감각을 가진 현대인들 가운데 많은 사람들이 범신론적 사고방식에 빠지고 있는 현실에서 그것을 알 수 있다. 그들은 단순히 대부분의 그리스도인들이 자연에 대하여 별 관심이 없다는 사실을 보았다.

그러므로 우리는 인간을 위해 지구를 구할 기회를 놓쳤는데, 이 사실은 또한 우리가 20세기의 사람들에게 접근할 기회를 거의 놓치게 된 이유를 부분적으로 설명해 준다. 교회가 우리 세대에서 현실성이 없고 쓸모없는 것처럼 보이는 이유가 바로 이것이다. 우리는 유사 기독교(a sub-Christianity) 문화 속에서 살고 있으며 그렇게 행동하고 있다.

인간이 자연을 잘못 이용하는 것과 인간이 인간을 잘못 이용하는 것 사이에는 유사점이 있다. 우리는 이것을 두 가지 영역에서 볼 수 있다.

무엇보다도 성 관계에 대하여 생각해 보자. 여자에 대한 남자의 태도는 어떠한가? 현대적인 상황에서는 "바람둥이"식 태도를 갖는 것, 한걸음 더 나아가 "함께 즐길 친구"에서 "놀이 대상"으로 바뀐 태도가 가능하며 또한 일반적이다. 이런 태도에서 여자는 단지 섹스의 대상에 지나지 않는다.

그러나 그리스도인의 견해는 어떠한가? 이 점에 있어서 "당신은 자신의 쾌락을 추구해서는 안 되며, 다른 사람들의 쾌락을 고려해야 한다"는 다소 낭만주의적인 개념을 제시할 사람도 있을 것이다. 그러나 성경은 그렇게 말하지 않는다. 우리는 이웃을 내 몸과 같이 사랑해야 한다. 물론 그리스도인도 즐거움을 누릴 권리가 있다. 그러나 우리는 여자가 한 인격이지, 동물이나 식물 혹은 기계와 같은 존재가 아니라는 사실을 잊어서는 안 된다. 우리는 성 관계에서 쾌락을 누릴 권리를 갖고 있지만 우리의 동반자를 섹스의 대상으로 이용할 어떤 권리도 갖고 있지 않다.

우리의 쾌락에 의식적인 한계를 그어야 한다. 우리는 아내를 한 인격으로 공정하게 대하기 위해서 스스로 정한 한계를 자신에게 부

기독교적 견해 : "실험공장" 71

과해야 한다. 그러므로 혹시 남편이 보다 많은 권리를 갖고 있을지도 모르지만, 할 수 있다고 해서 다 해서는 안 된다. 왜냐하면 남편은 아내를 아무 가치도 없는 대상으로가 아니라 한 인격으로 대해야 하기 때문이다. 만일 남편이 아내를 무가치한 대상으로 대한다면, 결국 그는 아내를 잃게 될 것이다. 왜냐하면 사랑이 사라져 버리고 단지 기계적이고 화학적인 성 관계만이 남을 것이기 때문이다. 남편이 아내를 인간 이하로 대한다면 인간성이 상실될 것이다. 아내의 인간성뿐만 아니라 결국 그 자신의 인간성까지도 상실될 것이다. 그와는 반대로 남편이 자제하여 아내를 대한다면 궁극적으로는 그가 더 많은 것을 누리게 될 것이다. 왜냐하면 그가 인간적인 관계를 누리기 때문이다. 단순히 물리적인 행위가 아니라 사랑을 소유하기 때문이다. 그것은 부메랑의 원리와도 같다. 즉 부메랑은 완전히 한 바퀴를 돌아서 던진 사람에게 다시 돌아온다. 자연에 일어난 일도 바로 이런 것이다. 만일 우리가 자연을 아무런 고유한 가치가 없는 것으로 대한다면, 우리 자신의 가치 역시 사라질 것이다.

　두번째 유사한 사례로 들 수 있는 것은 사업가이다. 오늘날은 "이윤을 배제하라! 이윤 추구의 동기를 포기하라"고 외치는 온갖 부류의 이상주의자들이 있다. 그러나 실제로 사람들은 그런 방식으로 일하지 않는다. 심지어는 공산주의까지도 이윤 동기를 다시 도입할 필요를 느끼고 있다. 그리고 성경은 이윤 동기가 잘못된 것이라고 명백하게 말하지는 않는다.
　그러나 나는 사업 관계로 만나는 사람을 내 몸과 같이 대하여야 한다. 나는 그를 내 이웃으로 "사랑"해야 하며 또한 내 몸과 같이 "사랑"해야 한다. 내가 어느 정도 이윤을 취하는 것은 전적으로 정당한 일이지만 그를 소비자라는 대상으로 대하거나 혹은 그를 착취해서 이윤을 얻어서는 안 된다. 만일 그렇게 한다면 그 사람 뿐 아니라 궁극적으로 나 자신을 파괴하는 것인데, 왜냐하면 그것은 내가 나 자신의 실제 가치를 낮추는 짓이기 때문이다.

그러므로 여인을 섹스의 대상이 아니라 한 인격으로 대해야 하는 것과 마찬가지로 기독교적 기반 위에서 사업을 하는 사람은 자기가 하나님의 형상으로 지어진 다른 사람을 대하고 있다는 사실을 깨달아야 하며, 자신에게 어떤 의식적인 제한을 가하여야 한다. 그리스도인 사업가도 이윤을 취하지만 자기가 거둘 수 있는 이윤을 모두 다 거두려고 온갖 수단을 다 동원하지는 않아야 할 것이다.

구약성경은 이 점에서 매우 분명한 입장을 나타내고 있다. "네가 만일 이웃의 옷을 전당잡거든 해가 지기 전에 그에게 돌려보내라 그 몸을 가릴 것이 이뿐이라……"(출 22 : 26). 또한 "사람이 맷돌의 전부나 그 윗짝만이나 전집하지 말지니 이는 그 생명을 전집함이니라"(신 24 : 6). 이런 구절들은 흔히 그리스도인 사업가의 특징으로 묘사되는 것과는 매우 다른 사고방식을 보여준다. 이것을 사유 재산권이라고 불러도 좋을 것이다. 그러나 이것은 아주 색다른 사유 재산권이다. 이 구절들은 만일 우리가 사업이나 산업에서 다른 사람들을 기계처럼 대한다면, 우리 역시 그들보다 나은 것이 없는 존재이므로 결국 우리 자신을 기계로 만드는 셈이라는 사실을 가르쳐 준다. 참으로 우리가 상업적 관계에서 다른 사람들과 우리 자신을 기계로 만들어 버린다면, 그것은 점점 우리의 삶의 모든 분야에 영향을 미칠 것이고 인간성의 경이로움은 사라져 버릴 것이다.

그러므로 다시 한번 그리스도인들은 자기가 할 수 있다고 해서 마음대로 다 해서는 안 된다는 사실을 명심해야 한다. 그리스도인은 한계를 긋는 원칙을 가져야 한다. 그렇게 제한함으로써 보다 많은 것을 얻을 수 있다. 그 자신의 인간성이 걸려 있기 때문이다. 여인을 단순히 섹스의 대상자로 대해서는 안 되며 단지 쾌락을 위하여 이용해서도 안 된다. 보다 많은 이윤을 얻기 위하여 어떤 사람을 단순히 소비자로만 대해서도 안 된다. 성(性)에 있어서나 사업에 있어서나 하나님께서 지으신 피조물이라는 기반 위에서 합당하게 사람들을 대하는 것은 그 자체로 올바른 일이며 또한 좋은 결과를 낳는다. 왜냐하면 그럴 때에 인간성이 꽃피기 시작하기 때문이다.

자연의 영역에서도 마찬가지이다. 만일 자연이 단지 의미 없는 개체이며, 시몬느 베유(Simone Weil)의 표현대로, 의미를 던져 줄 만한 아무런 보편자 없이 "왜곡된" 것이라면, 자연의 경이로움은 사라질 것이다. 개별자들을 포괄하는 보편자가 없다면, 아무런 의미가 없을 것이다.

장 폴 사르트르가 이 점을 지적하였다. "만일 당신의 유한한 한 점이 무한한 참조점을 갖고 있지 않다면, 그 유한한 점은 부조리하다." 그의 말이 옳다. 그리고 불행하게도 사르트르 자신이 바로 그런 입장에 처해 있다. 그는 단지 부조리한 개별자들 속에 있는 하나의 부조리한 개별적인 입장에 서 있다.

그러므로 만일 자연과 자연 속에 있는 것들이 왜곡된 우주 속에 있는 단지 의미 없는 일련의 개별자들이라면, 자연은 부조리한 것이 되며 자연의 경이로움은 사라지고 만다. 또한 나 자신의 경이로움도 마찬가지로 사라지는데, 그것은 나 역시 하나의 유한한 존재이기 때문이다.

그러나 그리스도인들은 보편자를 확실히 소유하고 있다고 주장한다. 하나님이 계신다! 인격적이고 무한하신 하나님이 모든 개별자들의 보편자가 되신다. 왜냐하면 그분이 모든 개별자들을 창조하셨기 때문이다. 그리고 성경을 통해 하나님의 언어로 진술된 하나님의 뜻을 우리에게 주심으로써 하나님은 그의 창조계 내의 만물들을 대하는 범주를 우리에게 제시하셨다 : 인간 대 인간의 관계, 인간 대 자연의 관계, 그 밖의 모든 관계.

그러므로 하나님이 만드신 것과, 역시 하나님이 만드신 나 자신은 모두 경이로움과 위엄과 실질적인 가치를 갖고 있는 존재이다. 그러나 내가 의식적으로 어떤 사물에 부여한 가치가 궁극적으로 나 자신의 가치가 될 것이라는 사실을 우리는 명심해야 한다. 왜냐하면 나 역시 유한한 존재이기 때문이다. 만일 내가 어떤 사물의 경이로움을 제거한다면, 그것은 머지않아 나 자신과 인류의 경이로움을 제거할 것이다. 오늘날 사람들이 처한 형편이 바로 이런 것이다. 경이로움이 모두 다 사라져 버렸다. 인간은 자율적이고 "왜곡된" 세계에 처해 있는데, 이곳에서는 어떤 보편나 어떤 경이로움도 자연에서 찾을 수가 없다. 실제로 자연은 인간이 이기적이고 거만한 방법으로 이용하거나 혹은 착취할 "것"(thing)으로 전락해 버렸다.

그리고 만일 현대인이 자연 생태계의 균형을 보호하자고 말한다면, 그것은 자연이 그 자체로서 어떠한 실질적인 가치를 가지고 있다는 근거에서 하는 말이 아니라 순전히 인간의 실용적인 목적에서 말하는 것이다. 따라서 인간 역시 가치에 있어서 또 한 단계 내려간 것이다. 그리고 비인간화된 테크놀로지가 압박을 가중시키고 있다.

반면에 자연에 대한 기독교적 관점을 통하여 사물들이 다시 회복된다. 경이로움이 갑자기 되돌아온다.

그러나 자연에 실제적인 가치가 있다고 단지 이론적으로 믿는 것으로는 충분하지 않다. 그 진리는 의식적으로 실천되어야 한다. 우리는 자연을 합당하게 대하기 시작해야 한다.

우리는 성의 즐거움과 산업과 사업에서 이윤을 얻는 것과 관련하여 인간이 스스로 자기 자신에게 한계를 부과해야 한다는 점을 살펴보았다. 그리스도인은 탐욕이나 성급함에 휘둘려서 스스로 부과한 제한들을 제거해서는 안 된다. 다른 말로 표현하자면, 우리는 우리 자신이 개인적으로 할 수 있는 혹은 우리의 테크놀로지를 이용하여 할 수 있는 일들을 모두 다 하려고 해서는 안 된다.

동물은 의식적인 제한을 전혀 부과할 수 없다. 소가 풀을 먹는 것은 특별히 결정을 해서 하는 일이 아니다. 소는 달리 어떻게 할 수 없다. 소가 가할 수 있는 제한은 "소라는 사실"이 갖고 있는 기계적인 제한이다. 그러나 하나님의 형상으로 만들어진 나는 선택을 할 수 있다. 나는 자연에게 해서는 안 될 일을 할 수도 있다. 그러므로 나는 할 수 있는 일에 대해서도 스스로 부과한 한계를 두어야 한다. 현대인이 테크놀로지와 개인적인 삶에서 공포와 추한 모습을 드러내고 있는 것은 인간이 아무런 제한 없이 할 수 있는 일을 모두 다 하기 때문이다. 현대인은 그가 할 수 있는 모든 일을 한다. 현대인은 세상을 죽이고, 인류를 죽이고, 그 자신을 죽이고 있다.

나는 하나님의 형상으로 지음을 받은 존재이다. 나는 합리적이고 도덕적인 한계를 갖고 있기 때문에, 할 수 있는 모든 일을 다 하는 것은 옳지 않다. 사실상 이 문제는 에덴 동산으로까지 거슬러 올라가는 문제이다. 신체 구조의 관점으로 볼 때 아담과 하와는 선악과를 먹을 수 있었다. 그러나 하나님의 도덕적 명령이라는 이차적인 한계 조건들과 하나님의 성품을 근거로 하여 볼 때 그들이 선악과를 먹은 것은 잘못된 일이었다. 하와에게 요구된 것은 스스로 삼가라는 것이었다. 즉 할 수 있다고 해서 다 하지 말고 삼가라는 것이었다.

테크놀로지의 측면에서 현대인은 할 수 있는 것은 모두 다 하고 있다. 현대인은 오직 한 가지 한계 원칙 위에서만 움직이고 있다. 스스로 자율적인 존재라고 생각하는 현대인은 우리에게 말씀하시는 인격적이고 무한하신 하나님을 믿지 않음으로 적절한 제2의 경계 조건들을 제공해 줄 보편자를 전혀 갖고 있지 못하다. 그리고 타락한 인간은 유한할 뿐만 아니라 죄악에 가득찬 존재이다. 그러므로 인간의 실용주의적 선택은 이기심을 넘어서는 다른 어떤 준거점을 전혀 갖고 있지 못하다. 개가 개를 먹고 사람이 사람을 먹고 사람이 자연을 먹는다. 탐욕스런 인간이 자연을 약탈하고 그것을 왜곡된 "소비 대상"으로 다루는 실제적인 이유는 뚜렷하다. 그는 자연이 아무런 가치나 권리를 갖고 있지 않다고 생각하는 것이다.

그렇다면 결론적으로, 만일 사물들이 단지 왜곡된 세상 속의 자율적인 기계들로 다루어진다면, 궁극적으로 그것들은 무의미하다고 말할 수 있다. 그러나 사물들이 자율적이고 무의미하다면 그것은 불가피하게 나(인간) 역시 마찬가지로 자율적이고 무의미한 것이다. 그러나 사물들은 하나님의 것이기 때문에 내가 개인적으로 혹은 그리스도인 공동체에서 그것들을 하나님이 통합성 있게 지으신 대로 사랑스럽게 대한다면 사정이 변할 것이다.

만일 내가 참 사랑이신 분(the Lover)을 사랑한다면 나는 그분이 만든 것들도 사랑할 것이다. 그토록 많은 그리스도인들이 그들의 신앙 생활에서 느끼는 비실제성은 아마도 이것 때문일 것이다. 만일 내가 그분이 만드신 것을 – 인간의 영역에서나, 자연의 영역에서나 – 사랑하지 않는다면, 그분이 만드셨기 때문에 그것을 사랑하는 것이 아니라면, 과연 나는 실제로 그분을 사랑하는 것인가?

신앙을 고백하는 것은 쉬운 일이지만, 그런 고백들이 별로 의미가 없는 것이라면 아무런 가치도 없을 것이다. 그런 고백은 단지 별다른 의미 없는, 혹은 무가치한 정신적인 동의에 불과할 것이다.

그러나 내가 어떤 실용적인 이유에서 나무나 혹은 내 앞에 있는 어떤 것들을 사랑하는 것이 아님을 명백히 하여야 한다. 그런 사랑은 실용적인 결과, 즉 생태계에 관심을 갖고 있는 사람들이 추구하고 있는 결과를 내놓을 것이다. 그러나 그리스도인으로서 나는 실제적이거나 실용적인 목적으로 그것들을 사랑하지는 않는다. 그것이 옳은 일이기 때문에, 그리고 하나님께서 만드셨기 때문에 그것을 사랑한다. 이렇게 될 때 사물들이 갑자기 제자리에 놓여진다.

이제, 내 앞에 있는 사물들을 선택적으로 – 소가 미나리아재비를 대하듯이 단순히 기계적인 상황에서 대하는 것이 아니라 선택적으로 – 대한다. 나는 미나리아재비를 보고서 그것에 합당한 방식으로 다룬다. 미나리아재비는 나와 마찬가지로 하나님이 만드신 것이다. 그러나 그 이상으로 나는 개인적인 선택을 통하여 적절하게 그것을 대할 수 있다. 나는 인격적으로 행동한다. 나는 한 인격이다! 심리적으로 나는 새롭게 호흡하고 새롭게 살기 시작한다. 심리적으로 나는 이제 남자와 여자뿐 아니라 하나님이 만드신 자연 속의 사물들, 즉 그 자체로는 인격적인 것보다 열등한 것들까지도 인격적인 차원에서 다루고 있다. 나의 인간성이 자라고 있으며, 현대 테크놀로지의 함정과 요동은 더 이상 나에게는 미치지 않는다.

그 결과 삭막함 대신에 아름다움이 생겨난다. 미학의 문제도 해결된다. 미학의 문제는 확실히 그 자체로 중요한 것이며 무시될 수 없는 것이다. 아름다움의 가치는 실용적인 이유를 필요로 하는 것이 아니다. 그러므로 우리가 자연에 대한 기독교적 관점에 있어서 그 아름다움을 회복하고 그것을 즐기기만 하더라도 그것은 가치 있고 보람된 일이 될 것이다.

그러나, 이미 우리가 살펴보았듯이 그것만으로 끝나는 것이 아니다. 자연의 균형은 보다더 온전하게 될 것이다. 인간이 필요로 하는 자원들을 파괴하지 않으면서 자연을 이용할 방법이 있을 것이다. 그러나 단지 술수에 지나지 않는 해결책으로는 아무런 결과도 기대할 수 없을 것이다. 우리는 하나님이 제시한 방식으로 하나님과의 올바른 관계를 유지해야 하고 그리스도인으로서 자연에 대한 기독교적 관점을 받아들이고 실천하여야 한다.

우리가 자연에 대한 기독교적 관점을 배웠다면, 실제적인 생태학이 가능할 것이다. 즉 아름다움이 넘쳐 흐르고 심리적인 자유가 발현되며 세계가 사막으로 변해가는 일이 그치게 될 것이다. 진리이기 때문에 견고하게 서 있기에 충분한 기독교의 전체적인 체계를 기초로 하여 볼 때, 내가 미나리아재비를 바라보면서, "동료 피조물이여, 동료 피조물이여, 나는 너를 밟고 지나가지 않으리라. 우리는 모두 피조물이니까"라고 말하는 것이 옳다.

부 록

부록 1
생태계 위기의 역사적 뿌리들

린 화이트 2세

알더스 헉슬리(Aldous Huxley)와의 대화는 종종 잊혀지지 않는 독백으로 끝나곤 했다. 그가 애석하게 죽기 일년쯤 전에 그는 인간의 부자연스런 자연 이용과 그것의 슬픈 결과들이라는 흥미로운 주제에 관하여 강연했다. 그의 강연의 요점을 설명하면, 헉슬리는 그 전 해에 어린 시절을 행복하게 보냈던 영국의 한 작은 마을에 가보았었는데, 한때 매혹적인 풀밭 언덕이었던 곳에 이제는 보기 흉한 덤불이 무성하게 자라나 있었다고 한다. 그 지방의 농부들이 작물을 해치는 토끼들의 수를 줄이기 위해 고의로 퍼뜨린 다발성 점액종증이라는 질병 때문에, 이전에 보호를 받으면서 계속 번식하였던 토끼들이 대부분 죽어버렸기 때문이었다. 문외한인 나지만 수사학적인 입장에서라도 더 이상 침묵을 지킬 수 없었다. 나는 중간에 끼어들어 토끼가 농민들의 단백질 섭취를 개선하려는 목적으로 1176년부터 영국에서 가축으로 길러져 왔다는 사실을 지적하였다.

모든 형태의 생명체들은 그들의 환경을 수정한다. 가장 볼 만하고 유익을 주는 사례는 의심할 여지없이 산호충 폴립(the coral Polyp)이다. 그것은 자신의 목적에 봉사함으로써 다른 수천 가지의 동물과 식물들에게 유리한, 광대한 수중 세계를 만들었다. 인간이 무수하게 많이 번식하게 된 이래로 그들의 환경에 뚜렷한 영향을 끼쳤다. 불을 사용하는 인간의 사냥 방법이 세계의 광대한 초원을 만들었고, 홍적세(Pleistocene) 시대의 괴물 같은 포유류들을 지구의 대부분의 지역에서 멸절시키는 데 도움을 주었다는 주장은 입증된 것은 아니지만 그럴 듯한 이야기이다. 최소한 6천 년 동안 나일 강 하류의 강둑은, 인간과는 무관하게 자연이 만들어 낸 질퍽질퍽한 아프리카 정글보다는 인위적인 것이었다. 5,000 입방 마일의 물을 저장하고 있는 애스완 댐(Aswan Dam)은 인간이 자연을 수정해 온 길고 긴 과정의 마지막 단계일 뿐이다. 카르타고인들(Carthaginians)과 싸우려는 로마인들과 원정의 병참 문제를 해결하려는 십자군들이 많은 지역에서 비탈을 깎고 관개 시설을 하고 말이 지나치게 풀을 뜯어 먹게 하고 나무를 잘라 배를 만든 까닭에 생태계에 심각한 영향을 미쳤다. 프랑스의 자연경관은 기본적인 두 가지 유형, 즉 북부의 탁 트인 들판과 남부와 서부의 작은 수림(bocage)으로 구별될 수 있다는 점을 관찰한 까닭에, 마르크 블로흐(Marc Bloch)는 중세의 농경 방법에 대한 그의 고전적인 작품에 손을 대었던 것이다. 의도적인 것은 거의 아니지만, 인간의 생활방식의 변화는 종종 인간과 무관한 자연에 영향을 미친다. 예를 들어 자동차가 출현하자 한때 도로마다 흐트러져 있었던 말의 거름을 먹고 살았던 엄청난 참새 떼들이 자취를 감추었다는 사실을 지적할 수 있다.

생태계 변화의 역사는 여전히 너무나 초보적이어서 우리는 실제로 무슨 일이 일어났는지 혹은 그 결과들이 무엇인지에 관하여 거의 알지 못한다. 지나치게 열광적인 사냥으로 말미암아 1627년경에 유럽산 들소가 멸종된 것은 뚜렷한 사례라고 보여진다. 그러나 보다 복잡한 문제들에 관하여는 흔히 구체적인 정보를 찾기가 불가능하다. 약 천여 년 동안 프리지아(Frisia) 사람들과 네덜란드 사람들은

생태계 위기의 역사적 뿌리들   83

북해(North Sea)를 거슬러 올라갔는데, 그 과정은 오늘날 조이더 해(Zuider Zee)를 되찾으면서 절정에 달했다. 그 과정을 통하여 어떤 종류의 동물들, 새, 물고기, 해양생물, 식물이 멸종되었을까? 바다(Neptune, 바다의 신)와의 싸움이라는 서사시에서처럼, 네덜란드인들은 그들의 삶의 질이 열악하였던 것처럼 생태계의 가치를 열악하게 만들지는 않았는가? 나는 이런 질문에 대한 대답은 고사하고, 과연 이런 질문들이 여태껏 제기된 적이 있는지 모르겠다.

그러므로 인간은 그가 처한 환경 속에서 종종 동력적인 요소가 되어 왔다. 그러나 현단계의 역사 연구로서는 인간에 의한 변화가 언제 어디서 어떤 결과와 더불어 나타나는지에 대하여 정확하게 알 수 없다. 그러나 20세기의 마지막 300년에 접어들면서 생태계의 역행(backlash) 문제에 대한 관심이 열병처럼 고조되었다. 사물들의 본질을 이해하는 노력으로서 자연과학이 여러 시대에 걸쳐 여러 민족들 사이에서 번성하였다. 마찬가지로 오랜 기간을 통하여 테크놀로지 기술들이 때로는 급속하게 때로는 완만하게 발전하면서 축적되었다. 그러나 서유럽과 북아메리카에서 과학과 테크놀로지를 결합하고, 자연환경에 대한 이론적인 접근과 경험적인 접근을 통합한 것은 불과 120년 전에 이루어졌다. 과학적 지식은 자연에 대한 테크놀로지적 힘을 의미한다는 베이컨주의적 신념이 폭넓게 실천된 것은, 18세기에 이미 예견되었던 화학 산업을 제외하고는, 1850년경에 이르러서였다. 그 신념이 정상적인 행동 유형으로 받아들여진 것은 농경의 시작 이래 인간의 역사에 있어서, 그리고 인간과 무관한 지구의 역사에 있어서도 가장 위대한 사건일 것이다.

새로운 상황은 즉시 생태계의 새로운 개념을 구체화시켰다. 사실 영어에서 **생태학(ecology)**이라는 단어는 1873년에 처음으로 나타났다. 그로부터 약 한 세기가 지난 오늘날 인류가 생태계에 미치는 영향은 그 힘이 아주 증대되어서 본질에 있어서 다른 것으로 변화하였다. 14세기 초에 최초로 대포가 발사되었을 때에는 보다 많은 탄산칼륨과 유황과 철광석과 목탄을 얻기 위하여 노동자들을 숲과 산으로 달려가게 함으로써 결과적으로 자연을 침식하고 숲을 황폐화하는 방식으로 생태계에 영향을 미쳤다. 그러나 수소폭탄은 그와 다르다. 수소폭탄을 사용하는 전쟁은 이 지구상의 모든 생명의 발생을 바꾸어 놓을 수 있다. 1825년경에 이르러 런던은 역청탄(soft coal, 연질탄)의 사용으로 말미암은 스모그 문제로 고생하였지만, 오늘날에 와서는 석탄, 석유 등과 같은 화석연료의 연소(燃燒)로 말미암아 지구 전체 대기의 화학적 성질이 바뀌어질 위험에 처해 있는데, 그 결과가 어떠할 것인가에 대해서는 이제서야 생각하기 시작하였다. 인구 팽창과, 암적 존재가 된 무계획적인 도시화와 쓰레기와 오물의 지질학적인 퇴적 등을 볼 때, 그토록 신속하게 자기의 둥지를 더럽힐 수 있는 존재는 인간 외에는 아무도 없을 것이다.

행동으로 나서라는 권고는 많지만, 그러한 구체적인 제안들은 개별적인 항목으로서는 지나치게 부분적이고 부정적이고 일시적인 방책에 지나지 않는다. 예를 들면, 폭탄을 추방하라, 옥외 광고판을 철거하라, 힌두교도들에게 피임기구를 제공하고 성스러운 소를 먹도록 권고하라는 등이다. 앞날의 의심스러운 변화에 대한 가장 단순한 해결책은 물론 그 변화를 멈추는 것이다. 혹은 낭만적인 과거로 되돌아가는 것이 그보다 더 좋은 해결책이다. 즉 보기 흉한 주유소들을 앤 헤이타웨이(Anne Hathaway)의 오두막처럼 보이게 하거나 혹은 (극서〈極西, Far West〉 지역에서는) 유령 마을의 살롱처럼 보이게 만들면 된다. 산 기미냐노(San Gimignano)에서든 혹은 하이 시에라(High Sierra)에서든간에 크리넥스 휴지가 최초로 땅에 떨어져 환경을 오염시키기 시작하기 이전에도, 땅을 "황무지"로 보는 정신은 변함없이 생태계에 대해 냉랭한 태도를 취하게 한다. 하지만 예나 지금이나 다를 바 없다라는 격세유전(隔世遺傳)적 태도나 문제를 적당하게 미화하는 것으로는 오늘날의 생태학적 위기에 대처하지 못할 것이다.

우리는 어떻게 해야 하는가? 아직은 아무도 모른다. 근본적인 것들을 생각하지 않는다면, 우리들이 채택할 구체적인 수단들은 치료하려고 한 문제보다 더 심각한 결과를 가져올지도 모른다.

우리는 현대 과학과 테크놀로지의 저변에 놓여 있는 전제들을 역사적으로 어느 정도 깊이 살펴봄으로써 우리의 사고를 명백하게 하는 일부터 시작해야 할 것이다. 전통적으로 과학은 그 내용상 귀족적이고 사변적이고 지적인 반면에 테크놀로지는 보다 낮은 신분의 사람들이 주로 담당하였고 경험적이며 행동지향적이었다. 19세기 중반에 와서 과학과 기술이 아주 갑작스럽게 결합하게 된 것은 틀림없이 동시대에 일어난 민주주의 혁명과 연관된 것이다. 과학과 기술의 결합이 일어나기 바로 얼마 전에 일어났던 민주주의 혁명은 사회적 장벽을 무너뜨림으로써 두뇌와 손의 기능적인 결합을 촉구하는 경향이 있었다. 우리의 생태학적 위기는 완전히 새로운 민주주의 문명이 대두한 결과이다. 민주화된 세계가 그 자체에 내포되어 있는 결과들을 극복할 수 있느냐의 여부가 문제이다. 아마도 우리 자신의 원칙들을 다시 생각해 보지 않고서는 불가능할 것이다.

과학과 테크놀로지의 서양적인 전통들

현대 과학과 현대 테크놀로지 둘 다 독특하게 서양적인 것이라는 사실은 말할 필요도 없이 너무나 명백하다. 우리의 테크놀로지는 세계의 모든 곳으로부터 여러 요소를 받아들여 왔는데, 특히 중국으로부터 영향을 받은 것이다. 그러나 오늘날에는 일본이든 나이지리아든 어느 곳에서나 융성하고 있는 것은 서양의 테크놀로지이다. 서양의 과학은 과거의 모든 과학들, 특히 중세 시대의 이슬람의 과학을 물려 받았는데, 그들은 기술과 명쾌함에 있어서 종종 고대 그리스인들을 아주 능가하였다. 예를 들면, 약학에 있어서 알 라지(al-Razi), 광학에 있어서 이븐 알 하이탐(ibn-al-Haytham), 수학의 오마르 카이얌(Omar Khayyam) 등을 들 수 있다. 실제로 이러한 천재들의 작품 가운데 적지 않은 수가 원래의 아랍에서는 사라지고 오직 중세 라틴어 번역본으로만 남게 되었는데, 바로 그 번역본이 후일 서양이 발전하는 토대를 놓는 데 도움이 되었다. 오늘날 온 세계에 걸쳐서 중요한 유일한 과학은, 과학자들이 어떤 인종이며 사용하는 언어가 무엇이든간에 방법과 스타일에 있어서 서양적인 과학이다.

이와 짝을 이루는 두번째 사실은 그다지 잘 인정되고 있지 않은데, 왜냐하면 그것이 역사학계에서 아주 최근에 나온 결과이기 때문이다. 과학과 테크놀로지에서 서구가 지도적인 위치를 차지한 것은 17세기의 과학혁명이나 혹은 18세기의 산업혁명보다 훨씬 오래된 사실이다. 이 용어들은 사실상 시대에 뒤진 것이고 그들이 묘사하고자 하는 것―서로 분리되어 있는 두 개의 긴 발전에서 중요한 단계들―의 참된 본질을 모호하게 만든다. 아마도 A.D. 800년경에, 그리고 아무리 늦어도 1000년경에 서양에서는 수력을 이용하여 제분하는 것뿐 아니라 다른 산업 과정에서도 이미 그 힘을 적용하기 시작하였다. 12세기 말엽에는 바람의 힘도 이용하게 되었다. 이런 단순하지만 스타일에 있어서 놀랄 만큼 일관된 시발점에서 서양은 동력 기계와 노동 절약 기구들과 자동화를 개발하는 기술을 급속히 확대하였다. 혹시 의심이 가는 사람들은 자동화의 역사에서 가장 기념비적인 업적, 즉 14세기 초기에 두 가지 형태로 선보인 중력으로 작동되는 시계를 생각해 보아야 할 것이다. 손재주에 있어서가 아니라 기본적인 테크놀로지적 능력에 있어서도 중세 말기의 서양은 공교하고 세련되며 미학적으로 탁월하였던 비잔틴 문명과 이슬람 문명보다 훨씬 앞서 있었다. 이탈리아로 건너간 그리스의 위대한 성직자인 베사리온(Bessarion)은 1444년에 그리스의 군주에게 편지를 보냈는데, 거기서 그는 서양의 선박과 무기와 면직물과 유리의 우수함에 놀랐다고 밝히고 있다. 그러나 그는 무엇보다도 목재를

절단하고 용광로의 풀무를 돌리는 수차(waterwheel)의 광경에 깜짝 놀랐다. 틀림없이 그런 종류의 기계를 동방에서는 한번도 본 적이 없었을 것이다.

15세기 말에 이르면 테크놀로지의 우수함이 서로 적대적인 작은 나라들로 구성된 유럽으로 하여금 세계의 다른 모든 지역을 정복하고 약탈하고 식민지로 만들 수 있게 해주었다. 서양의 가장 약한 나라 가운데 하나인 포르투갈이 동인도를 정복하여 한 세기 동안이나 지배하였다는 사실이 이러한 테크놀로지의 우수성을 상징적으로 보여주는 사례이다. 우리는 바스코 다 가마(Vasco da Gama)와 알부케르케(Albuquerque)의 기술이 순전히 경험에 의하여 세워진 것이며, 과학으로부터는 거의 아무런 지원이나 영감을 받지 못한 것이라는 사실을 기억해야 한다.

오늘날의 통속적인 견해에 따르면, 근대 과학은 코페르니쿠스(Copernicus)와 베살리우스(Vesalius)가 그들의 위대한 작품을 출판한 1543년에 시작된 것으로 생각된다. 그들이 이룬 업적을 깎아 내리려는 것은 아니지만, 인체의 구조에 대하여(*Fabrica*)와 천체의 회전에 관하여(*De revolutionibus*)가 하룻밤 사이에 나타난 것은 아니라고 지적해야 할 것이다. 서양의 독특한 과학 전통은 아랍과 그리스의 과학 저작들이 라틴어로 번역되는 대규모 운동이 일어난 11세기 말에 사실상 시작되었다. 과학에 대한 서양의 새로운 열심에도 불구하고 테오프라스투스(Theophrastus)와 같은 사람이 쓴 몇몇 주목할 만한 저술들이 소개되지 못하기도 했지만, 최소한 200년 내에 그리스와 이슬람 과학의 모든 자료를 라틴어로 번역하여 효과적으로 이용할 수 있게 되었고, 새로이 생겨난 유럽의 여러 대학에서 열심히 읽혀지고 비판되었다. 비판으로부터 새로운 관찰과 사색이 나왔고 그로 말미암아 고대의 권위있는 학자들에 대한 불신이 증가하였다. 13세기 말경에 유럽은 이슬람을 대신하여 과학에서 주도적인 위치를 차지하였다. 뉴턴, 갈릴레오 혹은 코페르니쿠스의 심오한 독창성을 부인하거나, 그들의 학문적 기반이 되었던 뷰리당(Buridan)과 오레즘(Oresme)과 같은 14세기의 스콜라 철학자들의 업적을 부정하는 것은 불합리한 일이다. 11세기 이전에 서방 라틴 세계에, 심지어 로마 시대에도 과학이란 거의 존재하지 않았다. 11세기부터 시작하여 서양 문명의 과학적인 요소들이 꾸준히 점진적으로 증가해 왔다.

우리의 과학과 테크놀로지가 모두 중세에서 출발하여 그 명성을 얻었으며 중세 이래로 세계를 지배하였기 때문에, 중세의 근본적인 전제들과 발전들을 조사하지 않고서는 과학과 기술의 본질과 그것들이 오늘날 생태계에 미친 영향을 이해할 수 없을 것이라고 생각된다.

인간과 자연에 대한 중세의 관점

최근까지 "선진" 사회에 있어서도 농경이 주된 위치를 차지하였다. 그러므로 경작 방법의 변화는 매우 중요하다. 두 마리의 소가 끄는 초창기의 쟁기는 보통 풀밭을 뒤엎지 못하고 단지 긁고 지나갈 뿐이었다. 그래서 교차하여 쟁기질할 필요가 있었고 밭은 사각형 모양으로 되는 경향이 있었다. 근동이나 지중해 지역과 같이 토양이 꽤 가볍고 반건조기후 지역에서는 이런 쟁기가 잘 들었다. 그러나 북부 유럽의 거친 토양과 다습한 기후에서는 이런 쟁기가 적합하지 않았다. 그러나 어떻게 시작했는지는 잘 모르지만 7세기 후반기에 북부의 어떤 농민들은 전적으로 새로운 쟁기를 사용하고 있었는데, 그 쟁기는 밭고랑을 깎기 위한 수직 날과 풀밭 아래로 잘 미끄러지게 하는 수평 보습과 밭을 뒤집기 위한 볏을 갖추고 있었다. 이 쟁기로 땅을 가는 데는 대단한 힘이 필요하여, 보통 황소 두 마리 대신 여덟 마리로 쟁기를 끌었다. 강력한 힘으로 밭을 갈았기 때문에 교차하여 쟁기질할 필요가 없었고 밭은 긴 줄 형태로 바뀌었다.

가벼운 쟁기를 사용하던 시절에는 밭이 일반적으로 한 가족을 부양할 수 있는 단위로 나누어져 있었다. 생계 부양이 전제조건이었다. 그러나 소 여덟 마리를 소유하고 있는 농민은 아무도 없었다. 그러므로 새롭고 보다 효과적인 쟁기를 사용하기 위해서 농민들은 자기들이 가지고 있는 소들을 함께 모아서 대규모의 경작 팀을 만들어야 했고, 통합하는 데 기여한 정도에 따라서 경작 지분을 분배받았다. 그러므로 토지의 분배는 더 이상 가족의 필요에 근거하지 않고, 그 대신에 땅을 경작할 동력 기계의 능력에 근거하였다. 토지에 대한 인간의 관계가 심각하게 바뀌었다. 이전에는 인간이 자연의 한 부분이었으나 이제는 자연을 약탈하는 존재가 되었다. 세계의 다른 어느 곳에서도 농부들이 이와 유사한 농경기구를 개발하지 못하였다. 자연에 대하여 무자비한 현대 테크놀로지가 대부분 북유럽의 이 농부들의 후예들에 의하여 생겨났다는 사실은 우연의 일치일까?

이와 똑같은 착취적인 입장은 A.D. 830년 전에 나온 서유럽의 삽화 달력에 어렴풋이 나타난다. 그보다 오래된 달력들에서는 각 달이 수동적인 사람의 모습으로 표현되었는데, 중세 시대의 달력 양식을 결정지은 새로 나온 이 프랑크 왕국의 달력은 그와는 아주 달랐다. 이 달력에서는 사람들이 세계를 자기에게 강제로 복종시키는 — 예를 들어 경작, 추수, 벌목, 돼지 도살 — 존재로 나타난다. 그 달력에서는 인간과 자연이 두 개의 실재이고, 인간이 지배자이다.

이러한 새로운 성격은 보다 넓은 차원의 지적 유형들과 조화되는 것처럼 보인다. 인간이 생태계를 대하는 방식은 인간이 자기 자신을 둘러싸고 있는 것들을 어떻게 생각하는가에 달려 있다. 생태계는 자연과 운명에 대한 인간의 믿음, 즉 종교에 의해 크게 좌우된다. 서양 사람들이 보기에 인도나 실론(Ceylon, 스리랑카)의 경우에서 이 사실이 아주 명백하게 나타난다. 이것은 우리의 중세 선조들에 있어서 그리고 우리들 자신에게 있어서도 마찬가지이다.

이교(異敎)에 대한 기독교의 승리는 우리 문명의 역사에 있어서 가장 커다란 정신 혁명이다. 오늘날에는 좋은 의미로든지 나쁜 의미로든지간에 우리가 "탈기독교 시대"에 살고 있다고 말하는 것이 유행이 되었다. 우리의 사고방식이나 언어가 대체로 기독교의 영향에서 벗어난 것은 틀림없다. 그러나 내 생각으로는 실제 내용에 있어서는 놀랄 만큼 여전히 과거 기독교 시대에 가까이 있다. 예를 들어 우리들의 일상적인 행동 습관은 영원한 진보에 대한 암묵적인 믿음에 의해 지배되고 있는데, 그런 믿음은 고대의 그리스-로마와 동양에서는 찾아볼 수 없는 것이다. 그 믿음은 변명할 여지없이 유대-기독교의 목적론에 근거한 것이고 떨어져 나온 것이다. 공산주의 역시 그러한 믿음을 공유하고 있다는 사실은 다른 많은 근거들을 볼 때 드러날 사실, 즉 이슬람과 마찬가지로 마르크스주의도 유대-기독교의 한 이단이라는 것을 밝히는 데 도움이 된다. 지난 1700여 년 동안 그랬듯이 우리는 여전히 매우 기독교적인 교훈 속에서 살고 있다.

기독교는 환경과 인간의 관계에 대해 무엇이라고 가르쳤는가?
세계의 많은 신화들이 창조에 관한 이야기들을 제공하고 있지만, 이 점에서 그리스-로마의 신화는 통일성이 부족하다. 아리스토텔레스와 같은 고대의 지식인들은 보이는 세계가 시초를 갖고 있다는 것을 부정했다. 실제로 그들의 순환론적 시간 개념의 체계 내에서는 우주의 시작이라는 생각이 불가능하였다. 이와는 아주 뚜렷하게 대조되는 것으로, 기독교는 유대교로부터 반복하지 않고 직선적인 시간 개념과 창조에 관한 두드러진 이야기를 물려 받았다. 사랑이시고 전지전능하신 하나님께서 단계적으로 차례차례 빛과 어둠을 만들고, 천체와 지구와 식물들과 동물들과 새들과 물고기들을 만드셨다. 마지막에 하나님은 아담을 만들었고, 그가 외로운 존재가 되지 않도록 다시 생각하여 하와를 만들었다. 인간이 모든 동물들에게 이름을 부여함으로써 그것들에 대한 지배권을 확립하였다. 하나님은 이 모든 것을 인간의 유익과 지배를 위하여 계획하셨다. 물리적인 창조의 영역 속에 있는 어떤 것도 인간의 목적에 봉사하는 것을 제외하고는 다른 목적을 갖고 있지 않았다. 그리고 비록 인간의 몸은 진흙으로 만들어졌지만, 그는 단순히 자연의 한 부분이 아니었다. 그는 하나님의 형상을 따라 만들어졌다.

기독교, 특히 서양적 형태의 기독교는 역사상 가장 인간 중심적인 종교이다. 일찍이 2세기경에 터툴리안(Tertullian)과 리옹(Lyons)의 성 이레니우스(Irenaeus)는 하나님이 아담을 만드실 때 두번째 아담인 성육신한 그리스도의 형상을 예시하고 있었다고 주장하였다. 인간은 상당한 정도로 자연에 대한 하나님의 초월성을 공유한다. 기독교는 고대의 이교와 (아마도 조로아스터교를 제외한) 아시아의 종교들과는 대조적으로 인간과 자연의 이원론을 확립했을 뿐 아니라, 인간이 자기 자신의 목적에 따라 자연을 착취하는 것이 하나님의 뜻이라고 주장하였다.

일반 사람들의 수준에서 이것은 아주 흥미로운 방식으로 작용하였다. 고대에는 모든 나무와 모든 강과 모든 시냇물과 모든 언덕이 그 자신의 수호신(genius loci)을 갖고 있었다. 이런 정령들은 인간에게 호감이 가는 존재들이었지만 인간과 비슷하게 생기지는 않았다. 켄타우로스(centaur, 반인반마의 괴물), 파우니(faun), 인어 등은 양면성을 보여준다. 인간이 나무를 베거나 산을 파거나 혹은 시냇물에 댐을 막는 등의 일을 하기 전에 그런 특별한 장소를 책임지고 있는 정령들을 달래고 가라앉히는 일이 중요하였다. 그러나 기독교는 이교적인 애니미즘을 타파함으로써, 자연의 대상물의 감정에 대해 냉정한 태도를 보임으로 자연을 착취하는 것이 가능하게 하였다.

기독교가 성자들에 대한 숭배로 애니미즘을 대체하였다고 흔히 주장한다. 그것은 사실이다. 그러나 성자들에 대한 숭배는 애니미즘과는 기능적으로 아주 다른 것이다. 성자는 자연의 대상물 속에 있지 않다. 성자는 자기의 특별한 납골당을 가질 수도 있지만, 그러나 그의 시민권은 하늘에 있다. 더구나 성자는 전적으로 사람이다. 그는 인간적인 수단으로 접근할 수 있는 존재이다. 물론 기독교는 성자 외에도 천사와 악마들의 존재를 유대교에서, 어느 정도는 조로아스터교에서 물려 받았다. 그러나 이것들 역시 성자들과 마찬가지로 유동적인 존재이다. 자연의 대상물 속에 있으면서 인간으로부터 자연을 보호해 주었던 예전의 정령들은 이제 사라져 버렸다. 이 세상의 정령에 대한 인간의 실제적인 독점이 확실시되고, 자연 착취를 방지하던 예전의 장벽들이 무너져 버렸다.

이렇게 개괄적인 개념으로 이야기할 때는 주의할 필요가 있다. 기독교는 복합적인 신앙이고, 그 신앙의 결과는 다른 상황들에서 서로 다르게 나타난다. 내가 이야기한 내용은 중세 서양에 잘 적용될 것인데, 사실상 바로 그 시대에 테크놀로지가 두드러지게 발전하였다. 그러나 고도로 문명화되고 같은 기독교 신앙을 가지고 있었던 그리스 교회의 동방에서는 7세기에 그리스의 불이라고 불리는 대포의 발명 이래로 두드러진 테크놀로지상의 혁신을 전혀 보여주지 못하였다. 이러한 대조를 설명해 줄 열쇠는 아마도 그리스 교회와 라틴 교회간의 신학을 비교 연구하는 사람들이 밝히고 있는, 두 교회간의 사상과 경건의 색조에 있어서의 차이일 것이다. 그리스 교회 사람들은 죄가 지적 어두움이라고 생각하였고 구원은 계몽과 정통 교리에서, 즉 올바른 사고에서 발견된다고 믿었다. 다른 한편으로 라틴 교회 사람들은 죄란 도덕적 악이며 구원은 올바른 행위에서 발견된다고 믿었다. 동방교회의 신학은 주지주의(主知主義)적이었고, 서방교회의 신학은 주의주의(主意主義)적이었다. 그리스 교회의 성자들은 사색하는 사람들이었고, 서방교회의 성자들은 행동하는 사람들이었다. 따라서 자연을 정복하라는 기독교의 함축의미는 서방교회의 분위기에서 더 쉽게 출현할 수 있었을 것이다.

모든 신앙고백서의 첫 구절에 나오는 기독교의 창조 교리는 오늘날의 생태학적 위기를 이해하는 데 있어서 또 다른 의미를 가지고 있다. 하나님은 계시를 통하여 인간에게 성경을 주셨다. 그러나 하나님이 자연을 만들었기 때문에 자연 또한 신의 정신을 드러내고 있음에 틀림없다. 하나님을 보다 잘 이해하기 위하여 자연을 종교적으로 연구하는 것은 자연 신학(自然神學)으로 알려져 왔다. 초대 교회에서, 그리고 그리스 교회의 동방에서는 언제나 자연을 무엇보다도 하나님이 인간에게 말씀하시는 상징 체계로 생각하였다. 예를 들어, 개미는 게으름뱅이에 대한 교훈이었으며, 솟아오르는 불길은 영혼의 열망을 상징하는 것이었다. 자연에 대한 이런 견해는 본질적으로 과학적이라기보다는 예술적인 것이었다. 비잔티움(Byzantium)이 엄청나게 많은 고대 그리스의 과학 책들을 보관하고 복사하였지만, 이런 분위기 속에서는 과학이 거의 번성할 수 없었다.

그러나 라틴 교회의 서방에서는 13세기 초에 이르러 자연 신학이 매우 다른 경향을 따르게 되었다. 인간과 교류하기 위한 하나님의 물리적인 상징을 해독하는 것이라는 성격은 사라지고, 자연신학은 하나님의 창조계가 어떻게 작용하고 있는가를 발견함으로써 하나님의 마음을 이해하는 노력으로 바뀌었다. 이제 무지개는 더 이상 대홍수 이후에 노아에게 처음으로 제시된 희망의 상징으로만 생각되지 않았다. 로버트 그로스테스트(Robert Grosseteste), 수사인 로저 베이컨(Roger Bacon), 프라이부르크(Freiburg)의 데오도릭(Theodoric)은 무지개의 광학에 대한 초보적이지만 정교한 작품을 내놓았다. 그러나 그들은 그것을 신앙적인 이해에 있어서의 모험으로 연구하였다. 13세기 이래로 라이프니츠(Leibnitz)와 뉴턴(Newton)을 포함한 모든 주요한 과학자들이 사실상 그들의 연구 동기를 종교적인 용어로 설명하였다. 실제로 만일 갈릴레오가 아마추어 신학자로서 아주 조예가 깊은 사람이 아니었다면, 그는 아마 고생을 덜 겪었을 것이다. 왜냐하면 전문적인 신학자들이 갈릴레오의 참견에 분노했기 때문이다. 그리고 뉴턴은 자기 자신을 과학자라기보다는 신학자라고 생각하였다. 하나님이라는 전제가 과학자들에게 불필요하게 된 것은 18세기 말에 와서였다.

사람들이 자기가 하고 싶은 일을 하는 이유를 설명할 때, 실제적인 이유를 제시하는 것인지 아니면 단순히 문화적으로 납득할 만한 이유를 제시하는지를 역사가가 판단하기가 어려운 경우가 종종 있다. 서양의 과학이 형성된 오랜 세기 동안 활동하였던 과학자들이 그들의 과제와 보상이 "하나님을 따라 하나님의 사상을 생각하는 것"이라고 일관되게 이야기했다는 사실을 미루어 볼 때 이것이 그들의 참된 동기라고 결론내리게 된다. 만약 그렇다면, 서양의 근대 과학은 기독교 신학을 모체로 하여 나온 것이다. 유대-기독교의 창조 교리에 의해 형성된 역동적인 종교적 헌신이 근대 과학에 자극을 주었던 것이다.

또 다른 기독교적 견해

우리는 많은 그리스도인들이 불쾌하게 여기는 결론으로 나아가고 있는 것 같다. 오늘날 과학과 테크놀로지라는 말은 모두 축복받은 단어이기 때문에, 어떤 사람들은 다음과 같은 개념에 기뻐할지도 모르겠다. 첫째, 근대 과학은 자연 신학을 기초로 하여 발전된 것이다. 둘째, 현대 테크놀로지는, 적어도 부분적으로는, 자연에 대한 인간의 초월성과 정당한 지배권이라는 기독교의 교리에 대한 서양의 주의주의(主意主義)적인 실현으로 설명될 수 있다. 그러나 우리가 살펴보았듯이 여태껏 아주 분리되어 수행되었던 과학과 테크놀로지가 약 한 세기 전에 서로 결합되어, 생태계에 미친 결과를 놓고 판단할 때, 이것은 통제를 넘어서는 힘을 인간에게 부여하였다. 만약 그것이 사실이라면 기독교는 거대한 죄책을 지고 있는 것이다.

개인적으로 나는 파멸을 초래하는 생태학적 결과들이 단순히 보다 나은 과학과 테크놀로지를 통하여 해결될 수 있으리라고 생각하지 않는다. 우리의 과학과 테크놀로지는 자연과 인간의 관계에 대한 기독교적 태도로부터 나온 것이다. 이 사실은 그리스도인들과 신 그리스도인들(neo-Christians)뿐 아니라 스스로 탈기독교 시대 사람들(post-Christians)이라고 생각하기 좋아하는 사람들에 의해서도 역시 보편적으로 주장되었다. 코페르니쿠스(Copernicus)의 주장에도 불구하고, 모든 우주는 우리가 살고 있는 작은 지구 주위를 돌고 있다고 생각한다. 다윈(Darwin)의 주장에도 불구하고 우리는, 우리의 마음속에서는, 인간이 단순히 자연 과정의 일부인 것은 아니라고 생각한다. 우리는 자연보다 우월하며 자연을 경멸하고 있으며 우리 기분 내키는 대로 자연을 이용하려고 한다. 최근에 캘리포니아의 주지사로 선출된 사람은 나와 마찬가지로 성직자이지만, "당신이 미국 삼나무 한 그루를 보았다면, 이미 그런 종류의 모든 나무를 본 것이다"고 말하는 것을 보면 기독교 전통을 옹호하는 데 있어서 나처럼 고민하지는 않는 것 같다. 그리스도인에게 나무 한 그루는 단지 하나의 물리적인 사실에 지나지 않는다. 성스러운 수풀이라는 개념은 기독교와 서양의 지적 풍토에 있어서 전혀 낯선 것이다. 거의 이천 년 동안 기독교 선교사들은 자연 속에 영혼이 있다고 생각하여 우상화되었던 성스러운 수풀을 베어 버렸다.

생태계에 우리가 무슨 일을 할지는 우리가 인간과 자연에 대하여 어떻게 생각하느냐에 달려 있다. 우리가 새로운 종교를 발견하거나 혹은 우리의 옛 종교를 다시 생각하지 않는다면 과학과 테크놀로지를 아무리 발전시켜도 우리를 현재의 생태계의 위기로부터 건져주지 못할 것이다. 우리 시대의 근본적인 혁명가들인 비트족들(beatniks)은 선불교에 대한 친밀감을 통하여 건전한 자각을 보여 주었는데, 선불교는 인간과 자연의 관계를 기독교의 거울 이미지와 아주 유사하게 생각한다. 그러나 기독교가 서양의 경험에 의한 것인 것처럼, 선불교는 아시아의 역사에 깊이 뿌리박고 있기 때문에 그것이 우리에게도 적용될 수 있을지 의심스럽다.

그리스도 이래로 기독교의 역사에서 가장 위대한 급진적인 사상가를 생각해 낸다면 그 사람은 바로 앗시시의 성 프란시스일 것이다. 성 프란시스의 가장 뛰어난 기적은, 그를 따랐던 급진적인 제자들과는 달리 그가 화형당하지 않았다는 사실이다. 그는 너무나 뚜렷하게 이단적인 모습을 보였기 때문에, 위대하고 통찰력 있는 그리스도인으로서 프란시스 수도회의 총회장이었던 성 보나벤투라(Bonaventura)는 프란시스주의의 초기 가르침들을 박해하려고 하였다. 프란시스를 이해하는 열쇠는 겸손의 덕—개인에게 있어서뿐 아니라 하나의 종(種)으로서의 인간에게 있어서—에 대한 그의 믿음이다. 프란시스는 피조물에 대한 인간의 군주제적 지배를 종식시키고 하나님의 모든 피조물들의 민주주의적인 체제를 세우려고 하였다. 그에게 개미는 더 이상 단지 게으른 자들을 위한 설교거리가 아니었고, 불꽃은 더 이상 하나님과의 연합을 향한 영혼의 돌진을 상징하는 것이 아니었다. 오히려 이제 그것들은, 인간이 자기의 방법으로 창조주를 찬양하듯이 그것들 역시 자기 나름대로 창조주를 찬양하는 "개미 형제"(Brother Ant)이며 "불꽃 자매"(Sister Fire)이다.

후대의 주석가들은 프란시스가 그의 말을 듣지 않으려는 사람들을 꾸짖는 뜻으로 새들에게 설교하였다고 말한다. 그러나 기록은 그것과 다르다. 프란시스는 작은 새들에게 하나님을 찬송하도록 가르쳤고, 영적인 엑스타시(ecstasy) 속에서 새들이 그들의 날개를 펄럭이며 짹짹 소리내어 찬양하였다고 한다. 성자들의 전설들, 특히 아일랜드 성자들의 전설에는 그들이 동물들을 다룬 이야기가 길게 나오는데, 내가 기억하기로는 항상 피조물에 대한 인간의 지배를 보여주는 것으로 나온다. 그러나 프란시스는 그와 다르다. 전설에 따르면, 아펜니노 산맥(Apennines)에 있는 구비오(Gubbio) 주변의 땅은 사나운 한 마리의 늑대에 의해 참화를 입고 있었는데, 성 프란시스가 그 늑대에게 말을 걸고는 늑대가 저지른 실수를 들어 설득하였다. 그 늑대는 회개하였고 거룩한 향기 속에서 죽어 성스러운 땅에 매장되었다.

스티븐 런시먼(Steven Runciman)경이 "프란시스파의 동물의 영혼 교리"라고 부르는 것이 확산되었다. 아마도 그 교리는, 의식적이든지 무의식적이든지간에, 그 당시에 이탈리아와 프랑스 남부에서 번성하였던 카타리(Cathar)파 이단이 주장한 윤회(輪廻)에 대한 믿음에 부분적으로 영향을 받은 것이 틀림없는 것 같다. 그리고 카타리파는 아마도 그런 믿음을 인도로부터 받아들였을 것이다. 그와 동일한 시기인 약 1200년경에 윤회 사상의 흔적들이 서구의 유대주의, 즉 프로방스 지방의 히브리 신비주의(Cabbala)에서 발견된다는 사실은 중요한 의미가 있다. 그러나 프란시스는 영혼의 환생(還生)이나 범신론을 가르치지 않았다. 인간과 자연에 대한 프란시스의 견해는 독특한 범심론(汎心論)에 근거한 것인데, 그것은 생명이 있는 것이든 없는 것이든간에 모든 것들이 그들을 만든 초월적인 창조주를 영화롭게 하는 목적을 갖고 있다는 것이다. 그 창조주는 우주적인 겸손의 극도의 표현으로서 육신을 입으시고, 구유에 누이셨으며, 십자가에 달려 죽으셨다.

생태계의 위기를 걱정하는 오늘날의 많은 미국 사람들이 늑대와 상담하거나 새들에게 충고할 능력이 있거나 그렇게 하리라고 말하려는 것이 아니다. 그러나 현재 점점 더 심해지는 지구 환경의 파멸은 서양의 중세 세계에서 기원한 역동적인 과학과 테크놀로지의 결과이며, 성 프란시스는 그것에 대하여 아주 독창적인 방식으로 저항하였다. 환경문제의 대두는 자연을 대하는 독특한 태도를 고려하지 않고서는 역사적으로 이해될 수 없는 것인데, 그 태도는 기독교 교리에 깊이 뿌리내리고 있는 것이다. 대부분의 사람들이 이러한 태도를 기독교적인 것으로 생각하지 않는다는 사실은 별로 관계가 없다. 기독교의 가치관을 대신할 새로운 기본적인 가치 체계를 우리 사회가 받아들인 적이 없다. 그러므로 자연은 인간에게 봉사하는 것 외에 다른 존재 이유를 갖고 있지 않다는 기독교의 교훈을 우리가 거절하지 않는다면 생태계의 위기는 점점 더 악화될 것이다.

서양 역사에서 가장 위대한 정신 혁명가인 성 프란시스는 자신의 사상을 자연에 대한 그리고 자연과 인간의 관계에 대한 또 다른 기독교적 견해로 제시하였다. 즉 그는 인간이 피조물을 무제한적으로 지배한다는 사상을 인간을 포함한 모든 피조물들이 동등하다는 사상으로 대체하려고 시도하였다. 그러나 그는 실패하였다. 오늘날 우리가 갖고 있는 과학과 테크놀로지는 자연을 오만하게 대하는 정통 기독교에 너무나 물들어 있기 때문에, 그런 과학과 테크놀로지만으로는 우리의 생태계의 위기를 전혀 해결할 수 없다. 우리가 겪고 있는 문제의 뿌리는 너무나 종교적인 것이므로, 그 치료책 역시 본질적으로 종교적인 것이어야 한다. 우리가 그것을 무엇이라고 부르든지간에 말이다. 우리는 자연과 운명에 대하여 다시 생각하고 신중히 고찰해 봐야 한다. 자연의 모든 부분들이 영적인 자율성을 갖고 있다는 대단히 종교적인, 그러나 이단적인 초기 프란시스파의 생각이 하나의 방향을 제시해 줄 수 있을 것이다. 나는 성 프란시스를 생태학자들의 수호신으로 삼자고 제안하는 바이다.

부록 2
왜 자연을 걱정하는가

리처드 민즈

알버트 슈바이처는 언젠가 "종래의 모든 윤리학이 저질러 온 가장 큰 실수는 윤리학이 오직 사람들간의 관계만을 다룬다고 믿었던 것이다"고 썼다. 현대 윤리학의 논의도 이런 오류에서 그리 멀리 벗어나 있지 못한 것 같다. 예를 들어 조셉 플레처(Joseph Fletcher)의 상황윤리 : 새로운 도덕(*Situation Ethics : The New Morality*)이라는 책도 자연과 인간의 관계, 즉 물리적이고 생물학적인 세계와 인간의 관계가 도덕적 행동의 문제를 제기한다는 아무런 시사도 없이 인간이 그 동료들과 맺고 있는 관계만을 단편적으로 다루고 있다. 그가 자연과 인간의 관계를 간과한 이유는 아마도 좀더 일반적인 사회 비평의 심리학적이고 주관적인 논조 때문일 것이다. 혹은 보다 그럴 듯한 이유로서 "형식주의에 대한 반란"을 들 수 있는데, 그것은 한때 미국의 사회과학자들에게 유행하였던, 인간에 대한 추상적이고 포괄적인 해석들을 회피하는 것이다.

사실 조셉 우드 크러취(Joseph Wood Krutch)의 소로(Thoreau) 풍의 논평이나 오스트리아 학자 콘라드 로렌츠(Konrad Lorenz)의 적극적인 자연주의적 해석은 일부 사회과학자들에게서 그다지 주목받지 못하였다. 그러나 현대의 사회과학자들은 전적으로 자연과 분리된 상태의 문명 속에 있기 때문에 이러한 이분법을 극복하기 위해서는 어느 정도 지적인 노력이 필요하다. 더구나 인간과 자연의 관계를 — 통제에서부터 수동적인 복종에 이르기까지 — 다양한 방식으로 상상할 수 있겠지만, 자연과 인간의 관계를 도덕적 관계라고 명확하게 표현하는 사람들은, 심지어 현대의 종교 작가들에게 있어서도 극소수이다. 예를 들어 하비 콕스(Harvey Cox)의 세속도시(*The Secular City*)도 자원이나 식량, 질병 등의 환경문제와는 완전히 분리되어 있는 도시 세계에 초점을 맞추고 있다. 도시는 당연한 것으로 받아들여지고, 콕스의 분석에 있어서 도덕적인 차원은 이 도시 세계 내부의 인간 대 인간의 관계에만 국한되며, 동식물, 나무, 공기, 즉 자연의 서식지와 인간 사이의 관계는 포함되지 않는다.

자연과 인간의 관계 문제를 정면으로 다루고 있는 몇 안 되는 현대 사회 비평가들 가운데 한 사람인 에릭 호퍼(Eric Hoffer)는 자연을 낭만주의적으로 그리는 위험을 경고하였다("자연과의 전쟁을 위한 전략", 새터데이 리뷰, 1966년 2월 5일자). 부두 노동자이자 접시닦이이며, 인간의 비극을 연구하고 권력의 부패와 타락을 폭로했던 호퍼는 인간의 위대한 업적이 자연을 초월하는 것, 즉 본능의 요구로부터 자신을 분리하는 것이라고 말한다. 그러므로 호퍼의 견해에 따르자면 인간의 근본적인 특성은 물리적이고 생물학적인 제한들로부터 자신을 자유롭게 하는 능력이라고 할 수 있다.

어떤 점에서는 호퍼의 견해가 옳다. 참으로 홍수나 기근, 화재 그리고 지진이 인간에게 미치는 영향은 엄청난 것이었고, 그것들을 자연이 주는 혜택이라고 말할 수는 없다. 그것들은 언제나 인간을 위협하는 것들이다. 그러나 호퍼의 비판은 기본적으로 정치적인 것이다. 그것은 인간과 자연의 관계에 대한 하나의 특별한 해석인 "낭만주의적 개인주의"(romantic individualism)에 대한 공격이다. 낭만주의 개인주의가 쉽사리 이기주의와 반합리주의로 변질되어 민주주의적 제도들을 타락시키고 파괴할 것이라는 사실을 호퍼는 너무나 잘 알고 있다.

이성을 무시하고 "뜨거운 열정으로 사고하라"는 히틀러의 외침을 기억할 것이다. 전통, 조국, 민족주의 그리고 인종주의와 같은 가치관들이 종종 모호한 자연 신비주의(nature mysticism)에 근거하여 합법적으로 받아들여졌다. 이러한 자연 신비주의는 낭만적 개인주의의 정수(精髓)이다(물론, 이기적인 다툼을 옹호하지 않는 형태의 자연 낭만주의도 있을지 모르지만). 아마도 문제는 호퍼가 설명한 것처럼 "개인적"이라는 것에 초점이 맞추어진다. 호퍼는 자연의 풍부하고 불가사의한 특성들을 순진하게 받아들이는 입장에서 나온 반응을 개인적인 반응이라고 생각한다. 개인적인 반응은 자연과 인간간의 관계에 포함되어 있는 집단적이고 사회적인 측면을 고려하지 못함으로써 참된 도덕적인 차원이 모호해진다.

한 사람은 자연과 전쟁 상태에 있을 수 있으나, 여러 사람들은 그렇지 않다(또는 최소한 그럴 수가 없다). 그 까닭은, 어떤 개인적인 태도나 행동이 집단화하면 자연에 영향력을 미치게 되고, 이러한 영향력은 사회적 생존 자체의 적나라한 현실 속에서 가장 명백하게 이해될 것이기 때문이다. 방사능 폐기물과 (인공 방사성 동위 원소인) 스트론튬 90 오염 등의 문제를 생각해 보라. 인간은 자연과 단순히 전투를 하는 것이 아니다. 오히려 인간은 자연과 더불어 일하면서, 또한 자연을 형성하고 변화시킬 수도 있는 것이다. 인간은 자연과의 새로운 공생 관계의 출현을 촉진하는 일련의 결정들에 참가하고 있다. 즉 우리는 문화와 문명을 창조한다. 이런 결정적인 가정은 낭만주의적 개인주의의 토대를 허물어 버리는 것이다. 완전히 고립된 한 사람이 자연 속에서 살면서 자연을 이용하여 온정과 안락과 창조성의 요구들을 만족시킨다는 것은 상상하기 매우 힘든 일이다. 심지어 로빈슨 크루소까지도 프라이데이(Friday)를 하인으로 데리고 있었다!

　자연을 굴복시키는 인간의 공동 노력을 오직 노골적인 폭력에 근거하여 개념지을 필요는 없다는 가능성을 호퍼는 무시하고 있는 듯하다. 육체 노동은 기계적인 것이든 다른 어떤 것이든간에 ─ 중국의 집단노동에서부터 고층건물 수리공의 공교한 작업에 이르기까지 ─ 모두 자연 세계에 가해진 인간의 사상에 근거하고 있는 것이다. 기계와 크레인, 불도저, 제조공장, 운송체계, 컴퓨터 그리고 실험실의 도움을 받아 인간은 자연을 억지로 자기 뜻에 따르게 한다. 그러나 이것은 물질과 물리적 힘만이 유일한 실재라고 단순하게 믿어버리는 형이상학적 물질주의를 받아들이도록 강요하는 것이 아닙니다. 사상과 가치관의 힘은 전제 조건들을 제공하는데, 이 전제 조건들은 우선 자연과 인간 사이의 인간적인 상호작용의 독특한 망(web)을 만들어 낸다. 관조(觀照)하는 사상의 힘, 사색하는 이성의 고리(chain), 수학자들의 기술, 철학자들의 이상들(dreams)도 고려해야 한다. 만일 이러한 관점이 받아들여진다면 자연과 인간의 관계 문제는 에릭 호퍼가 제시하는 것보다 훨씬 더 핵심적인 도덕적 문제가 될 것이다.

　그렇다면 도덕적 위기란 무엇인가? 내 생각에 그것은 실용주의적인 문제이다. 즉 그것은 서로 연관성이 없는 무수한 행위들이 야기하는 실제적인 사회적 결과들을 포함하고 있다. 도덕적 위기는 환경을 잘못 다룬 결과들을 포함하고 있다. 도덕적 위기는 환경을 잘못 다룬 결과들이 결합됨으로써 발생하는 것이다. 그 속에는 캘러머주(Kalamazoo) 강변의 소규모 사업체의 태만함과 에리(Erie) 호숫가에 있는 대규모 공장의 무책임함과 캘리포니아 농부들의 무절제한 농약 사용과 켄터키 주의 광산 경영자들의 토지 황폐화가 포함되어 있다. 불행하게도 이 대륙의 자연 자원들과 동물들을 불필요하게 또 비극적으로 파괴해 온 오랜 역사가 있다.

　한때 어마어마한 숫자로 미국을 횡단하며 날아 다녔던 철새 비둘기의 경우와 같은 고전적 사례에서 시작하여 바다 표범 산업의 몰락에 이르는 많은 사례를 들어 환경 파괴를 고발할 수도 있을 것이다. 그러나 허먼 멜빌이 그의 작품에서 그린 이미지와 백경(白鯨)의 이미지에 스릴을 느끼는 사람들에게는 고민스러운 일이지만, 스코트 맥베이(Scott McVay)와 같은 해양 과학자들이 상업적 포경(捕鯨)으로 말미암아 이 지구상에서 마지막으로 풍부하게 남아 있는 종류인 고래가 멸종의 위협을 받고 있다고 믿고 있음에도 불구하고, 사람들이 이런 멸종의 사례들로부터 그다지 큰 교훈을 얻지 못하고 있는 것 같다는 사실이다. 돈에 눈이 먼 사람들에게 포경업은 수지맞는 산업인 것이다. 우리들 가운데 자연을-특히 우리와 같은 포유류를-존중하는 사람들에게 이 거대한 피조물의 멸종은 하나님의 창조에 공백을 남기게 될 것이며, 또한 세대를 걸쳐 전해 내려온 인간의 상상력에도 공백을 남기게 될 것이다.

또 다른 사례로 지적할 수 있는 것은, 이미 우리가 풍부하게 가지고 있다고 생각되는 상품인 전기(電氣)를 더욱 많이 생산하기 위하여 그랜드 캐년(Grand Canyon)의 곳곳에 댐을 건설하려는 시도이다. 그랜드 캐년은 물론 상품이 아니다. 그리고 참으로 그런 시도는 통속적인 말로 표현하자면 "어처구니 없는 짓"이다. 사람의 통제를 받지 않고 자연이 창조해 낸 그랜드 캐년은 복제될 수 없다. 그랜드 캐년의 자연적인 상태에 대한 침해는 곧 환경과 자연의 작품에 대하여 생각하고 관조하는 인간의 능력에 대한 공격이다. 간단히 말하여, 그런 행위들은 인간 자신을 축소하고 떨어뜨리는 짓과 같다. 그러므로 그런 파괴를 제안하는 사람들의 활동은 그들이 인간에 대하여, 그리고 자연을 즐기는 인간의 능력에 대하여 아주 편협한 견해를 갖고 있음을 드러내는 것이다. 이런 의미에서 그런 행위들은 비도덕적인 행위이다. 우리는 이런 비도덕적 행위의 목록을 더욱 길게 나열할 수도 있지만, 인간의 쓸데없는 "분주함"과 오만한 과학기술 때문에 빚어지는 자연 파괴가 인간의 경솔하고 분별없는 행동의 결과라는 점을 명백히 하여야 한다.

 두번째 근본적인 문제는 생물학적 환경 오염이 점증하고 있다는 사실이다. 단지 커다란 허드슨(Hudson) 강 하나만 놓고 보더라도 환경 문제는 경제적인 용어로 따져볼 때 상상을 초월한다. 허드슨 강을 그다지 바람직하지 못한 현상태로 유지하는 것에만 드는 비용도 엄청나다. 오염의 정도를 조금 개선하는 데 드는 비용은 수십억 달러에 이른다. 다른 큰 강의 경우에도 사정은 마찬가지이다.
 그리고 우리가 숨쉬고 있는 대기의 상태를 생각해 보라. 많은 보고서가 밝히고 있듯이 대기오염은 인간에게 뚜렷하게 나쁜 영향을 미치고 있다. 그러나 경제적인 면에 민감한 사람들을 위해 덧붙여 말하면, 대기오염 문제에 관하여 최고 권위자인 하아겐 스미트(A. J. Haagen-Smit)는 대기오염의 문제에는 대체로 주목되지 않았던 표준 효율성의 붕괴와 테크놀로지까지도 관련되어 있다고 지적한다.

> 자동차 배기가스에서 손실되는 연료 에너지의 총량은 약 15퍼센트이다. 즉 미국의 경우 그것은 매년 약 30억 달러의 손실을 의미한다. 효율성을 자랑하는 자동차 산업이 그런 연료 손실을 방치하고 있는 것이 놀랍다.

 아마도 문제가 개인적이고 실존적인 문제일 때, 즉 우리 자신의 경험에 호소할 때 훨씬 더 도덕적이 될 것이다. 과학자들은 5대호(Great Lakes)가 대부분 오염될 날이 언제가 될는지에 대하여 여러 가지로 다르게 제시하고 있다. 그러나 그 날은 훨씬 더 가까이 있을지도 모른다. 나는 어린 시절을 오하이오(Ohio) 주의 톨레도(Toledo)에서 보냈는데 매년 여름철마다 이웃의 많은 사람들과 놀이 친구들은 에리 호숫가를 따라 있던 오두막으로 놀러 갔다. 그러나 오늘날 이 오두막의 주인들은 필사적으로 그 오두막을 팔아

버리려고 한다. 찰스 파워즈(Charles F. Powers)와 앤드류 로버트슨(Andrew Robertson)이 5대호의 오염을 분석한 "늙어가는 오대호"("The Aging Great Lakes", 미국 과학⟨Scientific American⟩, 1966년 11월호)는 수마일이 넘는 미시간 호의 모래사장과 울퉁불퉁하고 춥고 바람이 세찬 슈페리어(Superior) 호숫가를 사랑하는 우리들을 낙심시키는 것이다. 비록 미시간 호는 에리 호처럼 금방 오염된 폐수로 변하지는 않겠지만, 공기가 통하지 않는 수면 위의 검은 점들이 확산되면서 오직 벌레들만이 살 수 있게 되고 호수의 남쪽 끝에서부터 수질 오염이 점차 심각해지고 있다. 파워즈와 로버트슨이 지적했듯이, 이런 문제들이 비교적 오염되지 않은 슈페리어 호에까지 번지기 시작했다.

    자연과 인간의 관계는 왜 도덕적인 위기에 있는가? 그 이유는 자연과 인간의 관계가 인간의 역사와 문화를 포함하는 역사적인 관계이며, 종교적이고 윤리적인 자연관에 의하여 그 근저에 표현되고 있기 때문이다ー이 점에 대해서는 여기서 비교적 의문이 제기되지 않았다. 중세 문화사가인 린 화이트 2세는 작년 3월 과학 지에 기고한 "생태계 위기의 역사적 뿌리들"이라는 통찰력 있는 논문에서 이런 표현의 기원과 결과를 탁월하게 추적하고 있다. 그는 초월적인 하나님이라는 기독교적 개념, 즉 자연과는 분리되어 있으면서 오직 계시를 통하여 자연에 나타나는 하나님이라는 개념이 자연으로부터 정신을 제거하고, 자연을 손쉽게 착취하도록 방조하는 이데올로기가 되었다고 주장한다.
    미국의 경우를 보더라도 칼빈주의적 신 개념과 이신론(理神論)적 신 개념이 이 점에 있어서는 특히 유사하다. 두 견해 모두 하나님을 절대적으로 초월적이고 세상으로부터 분리되어 있고, 자연과 유기적 삶으로부터 고립되어 있는 것으로 생각한다. 정신과 자연간의 이러한 이분법이 갖는 현대적인 함축의미에 관하여 화이트 교수는 다음과 같이 말하고 있다.

최근에 캘리포니아의 주지사로 선출된 사람은 나와 마찬가지로 성직자이지만, "당신이 미국 삼나무 한 그루를 보았다면, 이미 그런 종류의 모든 나무를 본 것이다"고 말하는 것을 보면 기독교 전통을 옹호하는 데 있어서 나처럼 고민하지는 않는 것 같다. 그리스도인에게 나무 한 그루는 단지 하나의 물리적인 사실에 지나지 않는다. 성스러운 수풀이라는 개념은 기독교와 서양의 지적 풍토에 있어서 전혀 낯선 것이다. 거의 이천 년 동안 기독교 선교사들은 자연 속에 영혼이 있다고 생각하여 우상화되었던 성스러운 수풀을 베어 버렸다.

화이트의 제안처럼, 하나의 도덕적 문제로서 이 문제가 지속되는 이유는 아마도 오늘날의 부랑자와 히피 세대의 항의 속에서 발견될 수 있다. 비록 "쿨 캐츠"(cool cats)라고 불리는 세대가 보여준 세상에 대한 냉담한 태도가 많은 사람들에게 불쾌감을 주고 있으며, 또한 "구식 사람"뿐만 아니라 보다 개방적인 많은 사람들까지도 그들의 새로운 머리 모양을 이해하기 힘들어 하지만(전체적인 스타일은 말할 것도 없고), 소위 부랑자라고 불리는 이 사람들 중 어떤 이들이 선 불교에 귀의하였다는 사실은 이들이 갖고 있었던 "건전한 직관"을 보여주는 것이다. 그것은 자연과 인간 정신간의 관계가 갖고 있는 종교적이고 도덕적인 차원을 보다 충분하게 평가할 필요가 있다는 사실을 늦게나마 깨달았다는 표시일 것이다.

가장 영리하고 흥분하게 만드는 우리의 사회 비평가들의 거의 모두가 이 문제의 도덕적 함축의미를 완전히 회피하는 이유가 무엇일까? 아마도 정치적 현실주의라는 이름 때문에 자연을 의인화하거나 자연에 정신을 부여하는 것을 너무나 두렵게 생각하기 때문일 것이다. 다른 한편으로 인간의 정신을 자연과 연관시키기를 거부하는 것은 서양 사회의 전통적인 사고방식을 반영하는 것일 수도 있는데, 그런 사고방식 속에서 자연은 분리된 실체로 간주된다. 즉 기계적이며 형이상학적인 의미에서 인간과는 무관한 물질이다.

  자연을 인간 및 문화와 상호작용하는 유기적 조직의 한 부분으로, 하나의 변수로, 가변적인 조건으로 생각하는 것이 훨씬 더 유익하다고 생각된다. 만일 자연이 그렇게 생각된다면, 자연에 대한 사랑과 경외감 그리고 자연과의 공감이 낭만주의적 개인주의를 주관적이고 감정적으로 타락시키지는 않을 것이다. 오히려 그 반대로 그런 견해는 이기적인 현상태 정치(status politics)를 파괴하는 데 도움을 줄 것이다. 왜냐하면 다른 사람들의 활동이 개인적이거나 사소한 것이 아니며 또한 그들 자신에게만 국한되는 것이 아니라는 사실과, 그들의 기술은 자연의 변화를 통하여 나의 삶과 내 자녀들과 다음 세대들에게까지 영향을 미친다는 사실을 폭로하는 데 그 견해가 도움을 주기 때문이다. 이런 의미에서 배당금과 이윤 때문에 자연을 오만하게 대하는 테크놀로지를 정당화하는 것은 단지 경제적으로 나쁜 것일 뿐만 아니라 근본적으로 비도덕적인 행위이다. 오늘날 우리의 도덕적 위기는 정치권력과 법의 문제, 그리고 도시 폭동과 빈민지역의 문제들보다 훨씬 더 심각한 문제이다. 그것은 적어도 부분적으로 자연의 가치를 극도로 경시하는 미국 사회의 태도를 반영하고 있다.

●프란시스 쉐퍼 시리즈●

기독교 철학 및 문화관

제1권	거기 계시는 하나님	The God Who Is There
제2권	이성에서의 도피	Escape From Reason
제3권	거기 계시며 말씀하시는 하나님	He Is There and He Is Not Silent
제4권	다시 자유와 존엄으로	Back to Freedom and Dignity

기독교 성경관

제5권	창세기의 시공간성	Genesis in Space and Time
제6권	궁극적 모순은 없다	No Final Conflict
제7권	여호수아서와 성경 역사의 흐름	Joshua and the Flow of Biblical History
제8권	기초 성경공부	Basic Bible Studies
제9권	예술과 성경	Art and the Bible

기독교 영성관

제10권	쉐퍼의 명설교	No Little People
제11권	진정한 영적 생활	True Spirituality
제12권	초영성주의에 맞서는 그리스도인의 자세	The New Super-Spirituality
제13권	시대의 요구에 부응하는 기독교	Two Contents, Two Realities

기독교 교회관

제14권	20세기 말의 교회	The Church at the End of the Twentieth Century
제15권	오늘날의 교회의 사명	The Church Before the Watching World
제16권	그리스도인의 표지	The Mark of the Christian
제17권	개혁과 부흥	Death in The City
제18권	위기에 처한 복음주의	The Great Evangelical Disaster

기독교 사회관

제19권	환경오염과 인간의 죽음	Pollution and the Death of Man
제20권	그러면 우리는 어떻게 살 것인가?	How Should We Then Live?
제21권	낙태, 영아살해, 안락사에 대한 그리스도인의 자세	Whatever Happened to the Human Race?
제22권	기독교 선언	A Christian Manifesto

사명선언문

너희가 흠이 없고 순전하여……세상에서 그들 가운데 빛들로
나타내며 생명의 말씀을 밝혀 _ 빌 2:15-16

1. 생명을 담겠습니다
만드는 책에 주님 주신 생명을 담겠습니다.
그 책으로 복음을 선포하겠습니다.

2. 말씀을 밝히겠습니다
생명의 근본은 말씀입니다.
말씀을 밝혀 성도와 교회의 성장을 돕겠습니다.

3. 빛이 되겠습니다
시대와 영혼의 어두움을 밝혀 주님 앞으로 이끄는
빛이 되는 책을 만들겠습니다.

4. 순전히 행하겠습니다
책을 만들고 전하는 일과 경영하는 일에 부끄러움이 없는
정직함으로 행하겠습니다.

5. 끝까지 전파하겠습니다
모든 사람에게, 땅 끝까지, 주님 오시는 그날까지
복음을 전하는 사명을 다하겠습니다.

서점 안내

광화문점 서울시 종로구 새문안로 69 구세군회관 1층
02)737-2288 / 02)737-4623(F)

강남점 서울시 서초구 신반포로 177 반포쇼핑타운 3동 2층
02)595-1211 / 02)595-3549(F)

구로점 서울시 동작구 시흥대로 602, 3층 302호
02)858-8744 / 02)838-0653(F)

노원점 서울시 노원구 동일로 1366 삼봉빌딩 지하 1층
02)938-7979 / 02)3391-6169(F)

일산점 경기도 고양시 일산서구 중앙로 1391 레이크타운 지하 1층
031)916-8787 / 031)916-8788(F)

의정부점 경기도 의정부시 청사로47번길 12 성산타워 3층
031)845-0600 / 031)852-6930(F)

인터넷서점 www.lifebook.co.kr